RENÉE CÔTÉ

Place-Royale

Quatre siècles d'histoire

D1468477

MUSÉE DE LA
CIVILISATION
Québec

FIDES

Cet ouvrage a été réalisé dans le cadre d'une entente entre la Ville de Québec et le Musée de la civilisation concernant l'interprétation de Place-Royale et la création du Centre d'interprétation de Place-Royale inauguré le 18 novembre 1999. Cette collaboration a été rendue possible grâce à l'Entente sur la mise en valeur des biens culturels 1990-1995 intervenue entre le ministère de la Culture et des Communications et la Ville de Québec.

Le Musée de la civilisation remercie le ministère de la Culture et des Communications et la Ville de Québec de leur soutien financier et de l'accès aux recherches historiques et archéologiques effectuées durant une dizaine d'années sur l'histoire de Place-Royale depuis la préhistoire jusqu'à 1860.

PUBLICATION SOUS LA DIRECTION DE
Claire Simard, Musée de la civilisation

RÉDACTION ET ADAPTATION POUR LA COLLECTION
Francine Légaré

RECHERCHE ICONOGRAPHIQUE
Katherine Tremblay

RÉDACTION DES LÉGENDES DES ARTÉFACTS
Camille Lapointe

COORDINATION À LA RÉALISATION
Marie-Charlotte De Koninck et Pauline Hamel, Musée de la civilisation

SUPERVISION ÉDITORIALE
Michel Therrien

CONCEPTION GRAPHIQUE
Gianni Caccia

INFOGRAPHIE
Bruno Lamoureux

Données de catalogage avant publication (Canada)

Côté Renée, 1950-

Place-Royale : quatre siècles d'histoire
(Collection Images de sociétés)
Comprend des réf. bibliogr.
Publ. en collab. avec : Musée de la civilisation.

ISBN 2-7621-1962-6

1. Place-Royale (Québec, Québec) - Histoire. 2. Québec (Québec) - Histoire.
I. Musée de la civilisation (Québec). II. Titre. III. Collection.

FC2946.53C67 2000   971.4'471   C00-941645-5
F1054.5.C67 2000

Dépôt légal : quatrième trimestre 2000
Bibliothèque nationale du Québec

© Ministère de la Culture et des Communications, 2000
© Musée de la civilisation et Éditions Fides, 2000, pour la présente édition

Cet ouvrage est publié par le Musée de la civilisation et les Éditions Fides, avec l'autorisation du ministère de la Culture et des Communications.

Le Musée de la civilisation est subventionné par le ministère de la Culture et des Communications du Québec.

Les Éditions Fides remercient le ministère du Patrimoine canadien du soutien qui leur est accordé dans le cadre du Programme d'aide au développement de l'industrie de l'édition. Les Éditions Fides remercient également le Conseil des Arts du Canada et la Société de développement des industries culturelles du Québec (SODEC).

IMPRIMÉ AU CANADA

Avant-propos

Place-Royale, joyau serti dans un écrin, dévoile maintenant au grand jour ses trésors et ses secrets à ceux et à celles qui ont choisi d'y habiter ainsi qu'aux personnes d'ici et d'ailleurs qui fréquentent quotidiennement ce haut lieu de mémoire et de vie.

Il aura fallu attendre le dépérissement du quartier au cours des années 1950 pour que le gouvernement du Québec reconnaisse sa valeur historique et son importance pour la mémoire collective. Pourtant, vingt ans plus tôt, en 1929, la Commission des monuments et des sites historiques et artistiques du Québec classait l'église Notre-Dame-des-Victoires bien culturel national. Vinrent ensuite des Québécois éclairés, comme Gérard Morisset, responsable de l'Inventaire des œuvres d'art du Québec (1935) et secrétaire de la Commission des monuments historiques du Québec, pour alerter l'opinion publique et rappeler que Place-Royale constitue un site historique unique qu'il convient de protéger. De tels plaidoyers porteront leurs fruits. En 1963, le nouveau ministère des Affaires culturelles du Québec déclare le Vieux-Québec arrondissement historique. Dès lors s'engagent des travaux de restauration qui atteindront leur vitesse de croisière durant les années 1970 et qui se poursuivront jusqu'en 1999 par la réfection des maisons Hazeur et Smith, lesquelles abritent le nouveau Centre d'interprétation de Place-Royale, huit logements et un commerce.

Ce vaste chantier de restauration aura permis de retrouver les fondations de la seconde « Abitation » de Champlain, les vestiges des premiers quais, ainsi que des milliers d'objets témoins de la vie économique et sociale à Place-Royale. Les fouilles archéologiques ont permis de révéler les traces matérielles du passage de ceux et de celles qui bâtirent la Nouvelle-France, mais aussi de ceux et de celles qui par la suite développèrent le Nouveau Monde à partir des rives de la ville de Québec. Plusieurs artefacts témoignent même de la présence des Amérindiens qui fréquentaient déjà ce site, il y a près de 3000 ans.

Mais au-delà des artéfacts et des maisons restaurées, il faut se rappeler que Place-Royale fut le point d'ancrage de la vie française en Amérique. Bien sûr, il y eut d'autres tentatives quelques années auparavant à Port-Royal ou à Tadoussac, mais Québec demeure le premier foyer de l'enracinement permanent d'une colonie française en Amérique du Nord. Cette caractéristique a d'ailleurs fortement contribué à faire déclarer l'arrondissement historique du Vieux-Québec « Joyau du patrimoine mondial » de l'Unesco, en 1985.

En bordure de cette pointe de terre située au pied du cap Diamant, les premiers navires français jettent l'ancre et viennent mouiller à quelques jets de pierres de Place-Royale. Port naturel, Place-Royale évoque aussi l'image d'un lieu de transition entre l'Europe et la Nouvelle-France, entre l'Ancien et le Nouveau Monde. C'est là qu'arrivent les marchandises et c'est de là qu'elles repartent vers l'intérieur du continent. Cette position stratégique de Place-Royale se confirme rapidement et assure ainsi à Québec le rôle de centre névralgique du commerce et des finances pendant plus de deux siècles, tant sous le Régime français qu'anglais.

Lieu de mémoire, Place-Royale rappelle également la présence britannique après 1763, le commerce du bois, l'industrie de la construction navale, les grandes épidémies, le passage de milliers d'immigrants et la cohue marchande qui animait ce quartier. Place-Royale devient la première place de marché de la colonie. C'est là que se retrouvent citadins et habitants, nobles et manants, artisans et militaires, commerçants et clients. Cœur de la ville, Place-Royale voit, l'été venu, défiler les immigrants qui arrivent par bateau dans le port de Québec et qui découvrent à leur tour ce continent.

Place-Royale est toujours ce lieu de passage accueillant pour les gens de Québec et pour les touristes qui aiment venir y flâner, ne serait-ce que pour le plaisir de déambuler à travers ses rues étroites où les maisons anciennes rappellent ce que fut la vie des premiers habitants de ce pays. Place-Royale est aussi aujourd'hui un quartier que ses habitants s'approprient avec fierté. Résidants, commerçants et institutions voient dans la richesse historique de Place-Royale le levier indispensable d'un avenir prometteur.

Révéler la vie d'hier et participer à la vie d'aujourd'hui, tel est le double défi que s'est donné le Musée de la civilisation en acceptant la responsabilité de l'animation et de l'interprétation historiques de Place-Royale que lui a confiée le ministère de la Culture et des Communications. Par la présence dynamique de son Centre d'interprétation situé au cœur de Place-Royale, par son programme d'activités culturelles et éducatives et par son souci constant de développer des collaborations, le Musée de la civilisation cherche à faire connaître et apprécier ce site historique unique et exceptionnel, afin que soit perpétuée la mémoire de ceux et celles qui y ont vécu.

Il en va de Place-Royale comme de ces trésors dont on ne finit jamais de découvrir les richesses. L'ouvrage que nous proposons aujourd'hui, Place-Royale, quatre siècles d'histoire, raconte la grande aventure de ces hommes et femmes qui ont bâti Place-Royale. Ce livre n'aurait pu exister sans les nombreux travaux et recherches menés par des historiens, des archéologues, des ethnologues et autres spécialistes de la culture matérielle. Nous tenons à remercier vivement le ministère de la Culture et des Communications et la Ville de Québec de leur indispensable soutien à la réalisation de cette publication.

Faut-il rappeler que la naissance de Québec est tout naturellement liée au souvenir de Champlain, qui choisit ce site en 1608 pour y établir une colonie? C'est précisément sur ce lieu, en bordure du fleuve, qu'il aménage la première «Abitation de Québec», et c'est là également que nous célébrerons bientôt les 400 ans de la ville de Québec et de la francophonie en Amérique du Nord.

ROLAND ARPIN,
directeur général
du Musée de la civilisation

Introduction

PLACE-ROYALE à Québec attire chaque année des millions de visiteurs, les uns passionnés d'histoire et attentifs à cet exceptionnel témoignage du passé, les autres séduits par la beauté d'un site unique en front de fleuve. Quels que soient les motifs des personnes qui s'y arrêtent, une question revient : que s'est-il passé ici, à Place-Royale ?

Pour répondre à cette question, il convient de reculer jusqu'aux Amérindiens de la préhistoire, puisque des preuves archéologiques

La préhistoire n'a laissé derrière elle aucune image décrivant de ce que fut la vie des Amérindiens à cette époque. Toutefois, à défaut de dessin authentique, on peut imaginer que le campement provisoire des tout premiers visiteurs de Place-Royale ressemblait à cette scène dessinée au XIXe siècle par l'artiste britannique William Henry Bartlett. Ce dernier effectua quatre voyages en Amérique en plus de nombreux périples qui le menèrent en différents coins du monde.

William Henry Bartlett (1809-1854), Wigwams dans la forêt. Eau-forte.
Illustration tirée de Canadian Scenery, *Londres, James S. Virtue, s. d., page frontispice.*
Musée de la civilisation, dépôt du Séminaire de Québec, 1993.16303. Photo : Jacques Lessard.

Au cœur de la place Royale, l'église représenta rapidement un lieu rassembleur pour le culte et les célébrations, en même temps que le décor du marché public. Construite en 1688, l'église Notre-Dame-des-Victoires fut ainsi nommée en souvenir des vaines tentatives des troupes de William Phips de s'emparer de Québec.

James Pattison Cockburn (1779-1847), L'église et la place du marché de la basse-ville de Québec, 1830. Aquarelle.

Musée de la civilisation, dépôt du Séminaire de Québec, 1993.23300. Photo : Pierre Soulard.

démontrent qu'ils s'y arrêtaient. Plus près de nous, et quelques siècles avant l'arrivée des Européens, les Iroquoiens y ont aussi fait halte pour des cérémonies et des rassemblements. Puis, au XVIe siècle, des chercheurs d'or et d'épices venus du vieux continent ont remarqué cet emplacement de choix en bordure de la voie d'eau.

Mais Place-Royale fut avant tout le point de départ de l'Amérique française et le point d'arrivée des premières femmes et des premiers hommes qui contribuèrent à la bâtir. Autre titre de gloire : ce fut le seul port océanique de Nouvelle-France, à une époque où le transport par mer assurait tout à la fois la liaison et les transactions avec l'extérieur, le peuplement et le ravitaillement. Enfin, on parle de Place-Royale

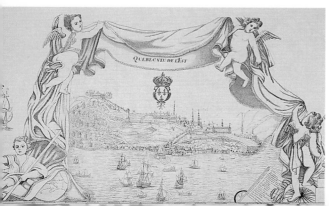

À la fin du XVIIe siècle, Québec est représentée dans un décor d'anges et de draperies d'apparat, ce qui témoigne de l'importance que prennent la ville et le port dès le début de la colonie.

Sieur de Fonville, Québec vue de l'Est. Cartouche d'une carte de 1699.

Musée de la civilisation, fonds d'archives du Séminaire de Québec, Z-14. Photo : Jacques Lessard.

En 1860, *The Illustrated London News* fait grand cas du passage du *Prince of Wales* dans le port de Québec et dans différentes villes canadiennes. Le journal rapporte la nouvelle dans ses pages durant plusieurs jours, gravures à l'appui.

L'arrivée (du navire) Prince of Wales à Québec. Illustration tirée de The Illustrated London News, *29 septembre 1860.*

Musée de la civilisation, bibliothèque du Séminaire de Québec, fonds ancien. Photo : Jacques Lessard.

comme d'un centre maritime et commercial ayant joué un rôle majeur sous deux empires. C'est donc à cet endroit précis de la côte du Saint-Laurent que l'on jeta les bases permanentes d'une colonie qui allait s'étendre et se fortifier, dans une aventure grandiose mais menacée par tous les périls !

Aujourd'hui, pour reconstituer le passé de Place-Royale à travers ses quatre siècles d'histoire, nous nous appuyons sur les nombreuses recherches menées tant par des archéologues que par des historiens, des ethnologues, des architectes et autres spécialistes. Ceux-ci ont œuvré à Place-Royale dès les années 1960 et ont, plus récemment, pris part au Programme de recherche en histoire et archéologie du ministère de la Culture et des Communications du Québec. Par eux, Place-Royale s'est vu fouillée,

La faïence est la vaisselle par excellence chez les bourgeois de Place-Royale dans la première moitié du XVIIIe siècle. La table est dressée avec des pièces raffinées, souvent inspirées de l'orfèvrerie et décorées au goût du jour.

Plat de service en faïence française.

Ministère de la Culture et des Communications, 132QU-6B4-725. Photo : Jacques Lessard.

interrogée et analysée dans ses moindres vestiges et fragments, que ceux-ci fussent apparents ou enfouis, vieux de centaines ou de milliers d'années. Outre ce que nous révèlent ces traces précieuses, les objets trouvés sur le site composent une des plus prestigieuses collections de matériel à usage domestique en Amérique du Nord. Les résultats de ces travaux nous dépeignent Place-Royale, de ses origines jusqu'à la fin du XIXe siècle : les débuts, les modes de vie, l'architecture, le commerce, la démographie, l'organisation sociale, les caractères distinctifs du site. Les conclusions des différentes études font l'objet d'une trentaine d'ouvrages parus aux Publications du Québec dans la collection « Patrimoines », série Dossiers ; cet imposant bagage de connaissances, d'analyses et de synthèses constitue la source documentaire du présent livre pour la période allant jusqu'à 1860. Au-delà, Place-Royale subit les effets d'un contexte économique qui lui est défavorable : nous assistons successivement au ralentissement de ses activités, puis à sa mise en veilleuse jusqu'à sa restauration-reconstruction, un siècle plus tard, dans le cadre du plus important projet de valorisation historique mené par le gouvernement du Québec.

Préhistoire, histoire et présence toujours vivante de Place-Royale. Le récit qui suit relate de grandes découvertes et de hauts faits, mais il s'attarde aussi aux événements et aux gestes de la vie quotidienne. En effet, au cœur de Place-Royale et à toutes les époques circulent et se côtoient des personnages illustres et d'illustres inconnus. Chacun, à sa manière, y joue le rôle d'un véritable acteur. ❖

D'où vient le nom de *Place-Royale* ? Quel en est exactement le territoire ?

En 1688, Jean-Baptiste Louis Franquelin réalise une carte à l'intention du roi de France dont un médaillon dépeint la ville de Québec. Un détail de cette carte situe de façon précise Place-Royale et l'emplacement du buste de Louis XIV installé par l'intendant Champigny.

Jean-Baptiste Louis Franquelin, Détail de la Carte de l'Amérique septentrionale [...] contenant le pays du Canada ou Nouvelle-France, la Louisiane, la Floride [...], *1688. Copie par P. L. Morin.*

Musée de la civilisation, fonds d'archives du Séminaire de Québec, Z-202. Photo : Pierre Soulard.

« De l'isle d'Orléans jusques a Quebecq y a une lieue, j'y arrivay le 3 juillet, où estant, je cherchay lieu propre pour nostre habitation, mais je n'en peu trouver de plus commode, ny mieux situé que la pointe de Quebecq, ainsi appelé des sauvages, laquelle estoit remplie de noyers[1]. »

Le 3 juillet 1608, lorsque Champlain parvient à l'emplacement actuel de Place-Royale et qu'il y voit l'endroit idéal pour s'établir avec ses compagnons de voyage, cette portion de la rive et du cap porte le nom de Pointe-de-Québec.

Quelques décennies plus tard, soit en 1682, un incendie particulièrement dévastateur réduit en cendres la majeure partie des maisons de la basse-ville. Dans la foulée d'une grande opération de reconstruction, la place publique de cette Pointe-de-Québec est, en quelque sorte, ennoblie. L'initiative revient à l'intendant de l'époque, Jean Bochart de Champigny, qui érige sur la place du Marché un socle de pierre où trône un buste de bronze de Louis XIV qu'il a rapporté d'Europe. Il veut ainsi « donner une idée du Roy à quantité de sujets qui étaient privés de le voir[2] ». À cette occasion, la place centrale est rebaptisée et devient

En 1682, lors de son installation au centre même de la place publique, le buste de Louis XIV ne fit pas que des heureux. Les marchands n'appréciaient guère cette masse encombrante au milieu du va-et-vient commerçant de la ville. Après plusieurs représentations de leur part auprès des autorités locales et de l'intendant Champigny, le buste fut retiré vers 1700 et remisé au Palais de l'intendant. Par la suite, d'aucuns prétendirent que Monsieur de Champigny, outré de l'accueil réservé au noble monument, le rapporta dans ses bagages lorsqu'il retourna en France en 1702.

Par contre, une certaine justice fut rendue au personnage royal quelque deux siècles plus tard, lorsqu'un nouveau buste de bronze, œuvre d'un fondeur parisien, fut offert par la France au Québec et fut remis, bien en évidence, au même endroit que le précédent.

Buste de Louis XIV.

Archives nationales du Québec à Québec, E10-D85-559, P4. Photo : Marc Lajoie.

la place Royale. Par la suite, le nom s'étendra à un secteur entier de la ville de Québec.

Quant au territoire exact de Place-Royale, précisons que le toponyme désigne le site historique du même nom, soit le secteur le plus ancien de la basse-ville de Québec. On inclut ici la zone comprise entre les rues Dalhousie, du Marché-Champlain et la côte de la Montagne, tel que défini par la Loi de Place-Royale (1967). Pour les fins de la recherche historique, le périmètre officiel a été élargi en direction nord par l'ajout de quelques regroupements de maisons rue Saint-Pierre, depuis la côte de la Montagne jusqu'à la rue Saint-Jacques. Cet ensemble gravite autour de la place Royale, petite place publique sise devant l'église Notre-Dame-des-Victoires. L'agglomération forme le secteur Place-Royale qui, selon les normes de l'Office de la langue française, ne s'écrit pas de la même façon que la place publique qui vécut l'épisode des bustes royaux. La superficie de Place-Royale est approximativement de 13 800 m^2 et on y retrouve une soixantaine de biens immobiliers, soit des résidences, des bâtiments de commerce et d'affaires, une église, des fortifications et deux parcs. ❖

1. Samuel de Champlain, *Œuvres de Champlain*, 2e éd., présenté par Georges-Émile Giguère, vol. I, Montréal, Éditions du Jour, 1973, p. 148.

2. AN, Colonies, C11 A, 15 oct. 1700. Archives Nationales (Paris), Fonds des colonies, série C11 A, Lettres et instructions du roi et du ministre concernant les colonies, 1663-1760, originaux microfilmés, f-184 à f-377.

1

Un lieu de passage :
la Pointe-de-Québec

(Des millénaires avant notre ère
jusqu'au début du XVIIᵉ siècle)

◄ PAGE PRÉCÉDENTE

Le fleuve Saint-Laurent.

Photo : Pauline Hamel.

QUI SE DOUTERAIT, en déambulant dans les rues de Place-Royale, que l'endroit dissimule un site archéologique amérindien datant de plusieurs millénaires ? Longtemps avant que le vieux continent ne soupçonne même l'existence du Nouveau Monde, les premiers occupants dressaient des camps saisonniers face au fleuve et y fêtaient les retrouvailles du printemps.

Il aura fallu plusieurs millénaires avant que le site de Place-Royale ne soit accessible aux premiers visiteurs. Au tout début, en effet, le Québec est entièrement recouvert par un immense glacier dont la surface se réduit progressivement jusqu'à disparaître complètement quelque 10 000 ans avant notre ère. Les eaux du golfe du Saint-Laurent s'engouffrent alors dans la vallée laurentienne, inondant Québec et ses environs. La mer de Champlain prend forme. Plus de 2000 ans plus tard, cette mer régresse à son tour, fait place au lac Lampsilis et laisse une grande partie du territoire à découvert, ce qui permet aux Amérindiens de parcourir la région. Place-Royale, pour sa part, est toujours sous l'eau. Lorsque le lac Lampsilis se retire, un long corridor accueille le fleuve Saint-Laurent. Nous sommes en l'an 5000 av. J.-C. lorsque Place-Royale émerge finalement[1].

Un lieu de passage

Les premières traces de présence amérindienne à la Pointe-de-Québec dateraient de 1000 ans av. J.-C. C'est du moins ce que révèlent les résultats de fouilles archéologiques effectuées aux abords de la falaise, soit sous la rue Sous-le-Fort et sur l'emplacement de la maison Hazeur. D'autres objets, trouvés ceux-là sous la place Royale, attestent du passage régulier d'autres groupes d'Amérindiens au cours du millénaire suivant. On s'y arrête pour des séjours saisonniers, on s'y donne des rendez-vous, on y célèbre le retour du printemps, mais on ne s'y établit pas. La Pointe-de-Québec n'est pas un lieu de résidence permanente[2]. L'occupation du site, toujours de façon intermittente, s'intensifie entre 400 ans av. J.-C. et 500 ans de notre ère.

Il y a 3000 ans, les Amérindiens qui fréquentaient Place-Royale transformaient la pierre de chert tirée de la falaise de Québec en ébauche d'outils et en outils.

Pointe de projectile en chert local.

Ville de Québec, CeEt-601-2.
Photo : Jacques Lessard.

Puis, nouveau bond dans le temps : c'est le début du XIIIe siècle. Les occupants des alentours de la Pointe-de-Québec vivent alors selon un mode sédentaire. Or l'agriculture s'accommode mal d'un espace étroit comprimé entre l'eau et la falaise. L'endroit est surtout réservé aux activités de loisirs.

Alors que sur la Pointe-de-Québec s'étend une clairière qui offre un espace
dégagé aux populations de passage, les forêts denses des alentours regorgent
de gibier, que traquent les chasseurs nomades.

*William Henry Bartlett (1809-1854), Scène de vie quotidienne dans la forêt, vers 1840.
Eau-forte. Gravée par J. C. Bently.*

Musée de la civilisation, dépôt du Séminaire de Québec, 1993.16182. Photo : Jacques Lessard.

Mais, au fil du temps, qui sont ces visiteurs ? Iroquoiens de souche
ou groupes acculturés par eux, c'est ce que la poterie de l'époque
trouvée sur les lieux nous laisse croire[3]. Pour ces gens, le site de la
Pointe-de-Québec présente des avantages certains. Il s'agit d'abord
d'un emplacement de choix sur le Saint-Laurent, là même où une
entaille naturelle (côte de la Montagne) permet d'accéder au sommet

de la falaise, terrain fertile et observatoire exceptionnel. Doté d'un port naturel, le site est facilement accessible par voie d'eau et par toutes les marées. De plus, la rivière Saint-Charles, située à proximité, constitue une ressource faunique non négligeable. Somme toute, même si l'espace est exigu entre le cap et l'eau, et même s'il rétrécit encore davantage en hiver sous l'invasion des glaces, ce secteur de la rive est régulièrement visité, du printemps jusqu'à l'automne.

On entrevoit les grandes conquêtes

Pendant que l'Iroquoien vit de concert avec la nature et se déplace sur un vaste territoire, l'Européen du xve siècle raffine ses goûts et ses modes. Apparaissent sur le marché des soieries, des épices, des métaux précieux venus d'Orient. L'engouement pour ces produits coûteux incite les pays consommateurs à chercher la route la plus

Cette carte hémisphérique des Amériques fait partie d'un volume publié au xvie siècle. Parmi les personnages reproduits, on retrouve Christophe Colomb, Fernand de Magellan et Amerigo Vespucci.

Théodore de Bry, Americæ Pars sexta, Francfort, 1596.

Musée de la civilisation, bibliothèque du Séminaire de Québec, fonds ancien. Photo : Jacques Lessard.

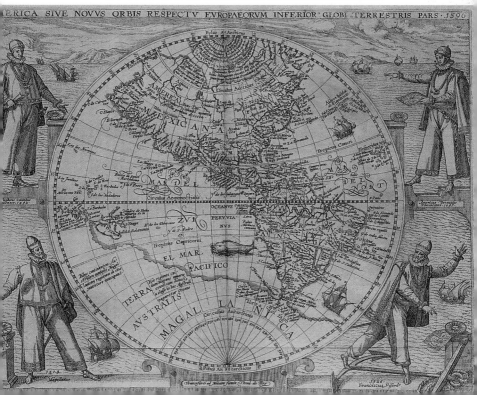

Au XVIIᵉ siècle, les monstres marins faisaient partie de la vision que l'on avait de l'univers. On les retrouvait aussi sur les cartes de navigation. Cette conception de l'inconnu en dit long sur les dangers qu'appréhendaient les explorateurs en route vers le Nouveau Monde.

Des poissons. Illustration tirée de Allain Manesson Mallet, Description de l'univers, Paris, chez Denys Thierry, 1682, vol. 5, p. 331.

Musée de la civilisation, bibliothèque du Séminaire de Québec, fonds ancien. Photo : Jacques Lessard.

Anonyme, Arrivée de J. Cartier à Québec (1535). Lithographie.
Musée de la civilisation, fonds d'archives du Séminaire de Québec, Poly. 18, n° 83 B. Photo : Jacques Lessard.

courte pour se rendre en Asie. De grandes expéditions en quête d'un passage vers l'Ouest sont entreprises et mènent à la découverte du Nouveau Monde.

Un siècle passe au cours duquel des pêcheurs européens longent régulièrement les côtes de Terre-Neuve et celles du golfe du Saint-Laurent. En 1535, l'explorateur Jacques Cartier, venu de Saint-Malo, explore les côtes du Saint-Laurent. Il y rencontre des Iroquoiens établis dans une douzaine de villages entre Cap-Tourmente et Hochelaga. Puis, à l'aube du XVIIe siècle, des Français s'installent sur la Pointe-de-Québec, qui depuis (presque) toujours a constitué une étape dans le trajet des Amérindiens. ❖

Faire halte à la Pointe-de-Québec, 500 ans avant notre ère

Le harpon est utilisé pour capturer les poissons de forte taille, tel l'esturgeon, et les mammifères marins. La pointe est reliée au manche par une ligne, ce qui permet de fatiguer l'animal avant de le tirer vers soi.

Pointe de harpon fabriquée dans les bois d'un cervidé.

Ministère de la Culture et des Communications, CeEt-9-51.18. Photo : Jacques Lessard.

Comment peut-on imaginer le quotidien des hommes, des femmes et des enfants de passage à la Pointe-de-Québec longtemps avant l'arrivée des Européens ? En quête de la moindre révélation, l'archéologie scrute avec minutie des fragments d'objets disparates et différents indices — grattoirs, outils divers, petits vases, pipes de pierre, perles faites de coquillages, traces de foyers et de piquets, déchets culinaires osseux et végétaux, sépultures, etc. Ainsi parvient-on à s'insérer quelque peu dans l'histoire préeuropéenne.

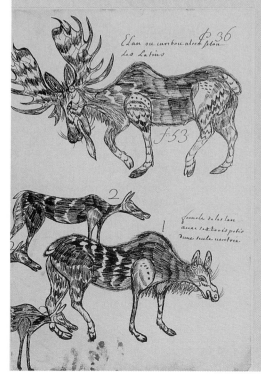

Durant la période préeuropéenne, les rassemblements à la Pointe-de-Québec ont souvent pris l'allure de fêtes et de repas collectifs copieux où l'on faisait honneur aux produits (largesses) de la chasse et de la pêche : ours, castor, orignal, caribou, phoque, béluga, esturgeon, barbue, anguille, etc.

Illustration tirée de Charles Bécart de Granville, Les raretés des Indes : « Codex Canadiensis », Paris, Librairie M. Chamonal, 1930, planche 36.

Musée de la civilisation, bibliothèque du Séminaire de Québec, fonds ancien. Photo : Jacques Lessard.

Illustration tirée de Charles Bécart de Granville, *Les raretés des Indes* :
« Codex Canadiensis », Paris, Librairie M. Chamonal, 1930, planche 30.
Musée de la civilisation, bibliothèque du Séminaire de Québec, fonds ancien.
Photo : Jacques Lessard.

Cinq cents ans avant notre ère et... plus de deux mille ans
avant que Place-Royale ne prenne forme, des groupes nomades
y ont effectivement dressé des camps provisoires au cours de
certains étés, débité sur place des arbres séchés, taillé de nouveaux outils, allumé de grands feux et en ont fait un lieu de répit
à travers leurs nombreux déplacements.

Illustration tirée de Charles Bécart de Granville, Les raretés des Indes :
« Codex Canadiensis », Paris, Librairie M. Chamonal, 1930, planche 42.
Musée de la civilisation, bibliothèque du Séminaire de Québec, fonds ancien. Photo : Jacques Lessard.

Les traces de ces séjours laissent entrevoir que, tandis que les hommes étaient occupés à traquer le gibier et le poisson, les femmes dépeçaient les bêtes rapportées, en traitaient les peaux, confectionnaient des mocassins et fabriquaient des paniers avec de l'écorce. Il arrivait également que l'on escalade le cap pour observer le fleuve ou encore pour aller cueillir des plantes médicinales sur les hautes terres.

En l'an 500, les Amérindiennes de la vallée du Saint-Laurent fabriquaient de la poterie depuis déjà un siècle et demi.

Vase décoré de lignes ondulantes et de ponctuations.
Ministère de la Culture et des Communications, CeEt-9-vase 308. Photo : Jacques Lessard.

De façon générale, la collection de la Pointe-de-Québec, pour cette époque, nous apprend que les populations ne vivaient pas repliées sur elles-mêmes, que leur vie ne se résumait pas à surmonter les difficultés ou à éviter les pièges tendus sur leur route par la nature et les autres humains. Il s'agit plutôt de communautés qui se rencontraient périodiquement, surtout durant l'été, qui prenaient plaisir à tisser des liens et qui pouvaient même, comme en témoignent des vestiges de pièces d'argile, parvenir à créer des modes dans l'art de décorer les poteries[1] ! ❖

1. Norman Clermont, Claude Chapdelaine et Jacques Guimont, *L'occupation historique et préhistorique de Place-Royale*, Québec, Publications du Québec, coll. « Patrimoines », n° 76, 1992, p. 166.

2

La colonie : un minuscule comptoir commercial (1603-1635)

D ES SOLS FERTILES, des eaux poissonneuses, des fourrures, des mines d'or, peut-être, une route vers l'Asie, sûrement. Pour Samuel de Champlain, l'Amérique est une terre d'abondance et de promesses. La France doit y établir une colonie le plus rapidement possible. Vite ! s'approprier ces lieux magnifiques, apprivoiser l'inconnu, y vivre pour de bon, y enraciner la France et sa religion et, toujours au nom du Roi, tirer fortune des pelleteries en quantité infinie ! Mais l'hiver, la maladie, les ennemis, l'ennui et les conditions de vie difficiles font aussi partie de cette invraisemblable équipée.

La France fait donc partie des pays européens en quête des richesses du Nouveau Monde et, peu à peu, il devient impérieux pour elle de trouver un endroit où implanter une colonie viable. À plusieurs reprises, déjà, on a fait des tentatives. Ainsi, en 1524, Giovanni da Verrazzano a exploré les côtes de l'Amérique du Nord pour le compte de la royauté française. Puis l'éphémère colonie de Rio de Janeiro n'a survécu que de 1555 à 1560 et celle de la Floride, de 1564 à 1566. Plus tard, d'autres essais ont eu lieu à l'île Sainte-Croix, sur la côte du Maine, puis à Port-Royal, en Acadie, et enfin à Tadoussac, au Québec. Mais chaque fois, ce fut l'échec et des hommes y ont perdu la vie. Cette contrée aussi immense qu'imprévisible se laissera-t-elle mâter un jour ?

En 1603, le navigateur français Samuel de Champlain explore une première fois le fleuve Saint-Laurent. Conscient des précédents échecs d'établissement de son pays, il revient convaincu d'y avoir trouvé l'emplacement approprié pour enraciner la France en Amérique.

Bruno Bazire, La région de Québec au XVIIe siècle. *Dessin au crayon, 1991. Musée de la civilisation.*

C. Stanfield, *Honfleure. Eau-forte. Gravée par R. Wallis.*
Musée de la civilisation, dépôt du Séminaire de Québec, 1993.26956. Photo : Jacques Lessard.

Cinq ans plus tard, l'explorateur quitte Honfleur avec deux navires, 28 compagnons et plus de passion pour l'aventure que ne peuvent en contenir ses bateaux.

Le 3 juillet 1608

L'histoire du Québec retient cette date comme celle de l'arrivée de Champlain à la Pointe-de-Québec. Mais aussi décisif que soit l'événement, il se déroule sans grande cérémonie. Le *Don de Dieu* et le *Lévrier*, les deux navires qui ont fait le voyage, restent à Tadoussac parce qu'il apparaît plus sécuritaire de gagner Québec dans une petite embarcation facile à manœuvrer parmi les récifs du fleuve. Y demeurent temporairement aussi François Gravé, qui assurait le commandement du *Lévrier*, et quelques hommes chargés de la surveillance des navires et des négociations avec les Amérindiens. Dans la barque, une vingtaine de passagers prennent place. On entasse également les matériaux qui serviront à bâtir l'Habitation. Parvenu à Québec, le groupe se met immédiatement à l'ouvrage, construit, prépare l'hivernement. C'est le coup d'envoi.

Mais outre Champlain qui les dirige, qui sont les tout premiers hommes de métier qui façonnent Place-Royale ? On retrouve deux maçons, François Bailly et Jean Loireau, les serruriers Jean Duval et

En 1608, lorsque Champlain et ses hommes parviennent enfin à Québec, c'est la fin d'une traversée en mer de près de deux mois. Mais c'est surtout le début d'une ville et d'un peuplement, après bien des années de rêves et de discussions.

Vaisseau. *Illustration tirée de Allain Manesson Mallet,* Description de l'univers, *Paris, chez Denys Thierry, 1682, vol. 1, p. 257.*

Musée de la civilisation, bibliothèque du Séminaire de Québec, fonds ancien. Photo : Jacques Lessard.

Antoine Notay ou Natel, les charpentiers Lucas Louriot, Jean Pernet, Antoine Cavalier, Nicolas du Val, Liévin Lefranc, François Jouan, Marc Belleny, le tailleur d'habits Mathieu Billoteau dit La Taille, un jardinier nommé Martin Béguin, les laboureurs Clément et Guillaume Morel, un bûcheron du nom de Pierre Lîno et des scieurs de planches, Robert Dieu et Antoine Andin[1]. À ce groupe s'ajoutent le chirurgien Bonnerme, le jeune Étienne Brûlé, qu'on destine à l'apprentissage des langues amérindiennes, et un autre compagnon qui est le laquais de Champlain.

Les deux Habitations de Québec :
remparts, logis et coffre-fort de la colonie

C'est dans un espace compris aujourd'hui entre la place Royale, la rue Notre-Dame et le fleuve, sur une avancée appelée à l'époque Pointe-aux-Roches, que s'élèvera la première Habitation de Québec. Le chantier commence par la confection du gros œuvre à même les noyers qui sont sur place. Par ailleurs, différentes pièces comme le bois de finition, les cadres d'ouverture, voire la charpente du toit, ont été préalablement assemblées à Honfleur, ville réputée pour l'habileté de ses menuisiers. Ces derniers, dit-on, sont « passés maîtres dans la construction de cette forme primitive de maison préfabriquée[2] ».

Trois mois plus tard, alors que l'Habitation est à quasi terminée, à quoi ressemble ce bâtiment surgi de l'ingéniosité de Champlain qui en a dressé les plans ? Il se compose de trois corps de logis qui

L'Habitation de Québec fut la troisième construction du genre puisque des bâtiments du même type furent érigés antérieurement à l'île Sainte-Croix et à Port-Royal. Dès lors, on profita des expériences passées pour améliorer les techniques et affiner l'architecture de cette forteresse conçue à la façon d'une citadelle de campagne.

Abitation de Qvebecq *d'après un dessin de Samuel de Champlain.*
Illustration tirée de Œuvre de Champlain, *seconde édition par l'abbé C. H. Laverdière, 1870.*
Musée de la civilisation, bibliothèque du Séminaire de Québec, fonds ancien. Photo : Jacques Lessard.

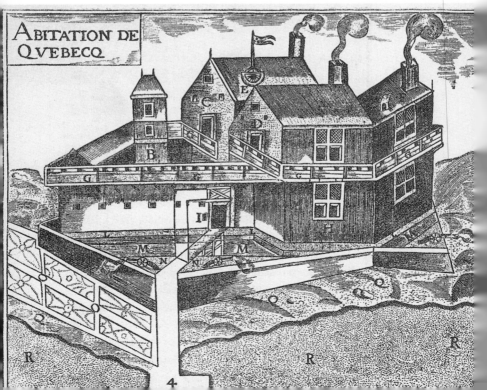

QUEBEC_1908.

CHAMPLAIN'S HABITATION

À l'occasion du tricentenaire de la fondation de Québec, la première Habitation fut reconstruite à l'emplacement du marché Finlay, là où se trouve aujourd'hui la Place de Paris. *Illustrated Post Card Company, Quebec-1908* Champlain's Habitation. *Archives nationales du Québec à Québec, P547, CPN431-64-13-2.*

sont dotés de toits pentus, d'un cadran solaire et même d'un pigeonnier. À l'étage, la galerie qui l'entoure permet de faire le guet dans toutes les directions et, si nécessaire, de tirer du mousquet. Un fossé de 5 m de profondeur en protège l'accès, et l'entrée ne peut se faire qu'en passant par le pont-levis que l'on relève le soir. Une palissade de pieux protégée par des canons enserre le tout. Structure de défense, l'Habitation sert aussi de logis et de magasin.

À la fin du mois de septembre, le drapeau français flotte au-dessus du logement de Champlain. Les résidants se préparent pour l'hiver qui approche. Dans le magasin de l'Habitation, qui est en quelque sorte le coffre-fort de la colonie, on a stocké les vivres, les marchandises de traite, les fourrures ainsi que les armes et munitions pour la défense des lieux. Même des jardins sont aménagés. Au printemps prochain, on pourra y voir pousser du blé, du seigle et des vignes.

Dans les années qui suivent, l'Habitation subit d'importantes réparations à plusieurs reprises. En 1620, lorsque Champlain ramène d'Europe sa jeune épouse Hélène Boullé, le bâtiment est en piteux état. C'est sûrement une vision d'horreur pour la voyageuse qui arrive de Paris : l'eau et le froid s'infiltrent de toutes parts, la cour est sale, le magasin tombe en ruine et un des logements s'est effondré. Des ouvriers effectuent toutefois avec diligence les travaux nécessaires à l'installation du couple.

Le 5 novembre 1975, les assises d'une des tourelles de la seconde Habitation de Champlain furent découvertes sous la place Royale par des archéologues du gouvernement du Québec. Aujourd'hui, l'emplacement exact de ces vestiges est signalé par l'emploi d'un pavage différent face à l'église Notre-Dame-des-Victoires.

Vestiges d'une tourelle de la seconde Habitation de Champlain.

Ministère de la Culture et des Communications, fonds photographique, 1976-R-12.8.

En 1623, charpentiers et maçons recommandent à leur chef de reconstruire l'Habitation plutôt que de « réparer annuellement la vieille, qui était si caduque qu'elle attendait l'heure de tomber[3] ». Champlain trace alors les plans d'un bâtiment de pierre en carré, flanqué aux angles de quatre tourelles. L'ensemble rappelle les gentilhommières, ces résidences fortifiées de la petite et moyenne noblesse de France. La préparation des matériaux s'effectue au cours de l'hiver et la construction débute au mois de mai, notamment par le maçonnage des fondations, sous lesquelles Champlain enfouit une pierre gravée aux armes de Louis XIII et à celles du vice-roi Henri de Montmorency. En août de la même année, Champlain rentre en France avec sa femme, quittant momentanément un chantier qui devrait pouvoir progresser sans lui. Deux ans plus tard, il retrouve un bâtiment qui n'est réalisé qu'à demi. En son absence, les ouvriers, occupés à bien d'autres tâches, ont ignoré ses instructions et ont considérablement simplifié les plans initiaux. Restée inachevée, la seconde Habitation se limite à un corps de logis principal pourvu d'une tourelle à chaque coin de la façade et complété d'une aile au côté sud. En 1682, lors d'un incendie qui ravage l'ensemble de la basse-ville, l'Habitation est complètement détruite. En 1687, on bâtit au même endroit l'église Notre-Dame-des-Victoires (qui porta d'abord le nom de Notre-Dame-de-la-Victoire).

Une petite colonie d'«hivernants» coupée du monde

Les premières années d'établissement sont extrêmement difficiles. L'isolement pèse lourd sur ces Européens confrontés à un milieu naturel et humain étranger, hostile à maints égards et coupé du monde. Il faut aussi s'habituer à une vie où l'on est contraint à la promiscuité. Enfin, les événements s'enchaînent pour décourager les plus ardents! Dès son arrivée, Champlain échappe, par exemple, à un complot dirigé contre lui par le serrurier Jean Duval. Avec quelques conspirateurs, ce dernier tente en effet de s'emparer des provisions et des marchandises de la nouvelle colonie pour mettre le cap sur l'Espagne à bord d'un navire de pêche. Mais l'entreprise est percée à jour, Duval est pendu et trois de ses complices rentrent en France pour y être jugés. Par ailleurs, le premier hiver s'avère particulièrement meurtrier pour les nouveaux arrivants. Vingt d'entre eux sont victimes du scorbut et de la dysenterie durant la mauvaise saison. Sur la Pointe-de-Québec, seuls huit hommes du petit groupe d'hivernants voient apparaître le printemps 1609.

Pendant plusieurs années, la population de l'Habitation compte au plus une vingtaine de personnes, des hommes seulement. Ce sont des gens de métiers et des marchands. Il arrivera d'ailleurs que Champlain se plaigne du petit nombre de femmes associées aux débuts de la colonie.

> [...] je ne peux comprendre pourquoi autant de gens les considèrent comme des quantités négligeables lorsqu'ils sont incapables de se débrouiller sans elles. Pour ma part, je reste persuadé que dans tout établissement, quel qu'il soit, rien ne peut être accompli sans la présence des femmes[4].

Francis Back, La salle commune de l'Habitation de Champlain en 1627. Gouache, encre et crayon, 1994.

Il faut attendre jusqu'en 1617 pour voir débarquer la première femme en Nouvelle-France. Elle s'appelle Marie Rollet et elle est l'épouse de Louis Hébert. Ce dernier, un ancien apothicaire de Paris dont la famille compte trois enfants, entend s'établir à Québec pour y cultiver la terre. Ces cinq précieuses recrues pour la colonie choisissent de ne pas s'installer dans les murs de l'Habitation, mais sur les hauteurs, afin de tirer parti de ce qu'on appelait alors un beau « désert », c'est-à-dire une clairière que l'on peut cultiver sans qu'on soit obligé d'essoucher.

Les chaudrons en cuivre, légers et résistants, sont fort appréciés des Amérindiens. Une fois percés, ils sont réutilisés pour fabriquer une foule de produits allant du couteau aux perles décoratives.

Chaudron en cuivre.

Ministère de la Culture et des Communications, 1QU-2150-91. Photo : Jacques Lessard.

En 1619, l'Habitation compte 80 résidants, dont Champlain lui-même, trois Récollets, des commis, des officiers, des ouvriers et des cultivateurs. En 1627, au terme de près de 20 ans de tentative d'enracinement en Nouvelle-France, à peine une centaine de personnes y vivent, dont cinq femmes et six fillettes ; la moitié réside encore à l'Habitation. À titre de comparaison, la Virginie, dont le peuplement a commencé en 1607, compte près de 2000 habitants à la même date[5].

Tandis que Champlain multiplie les efforts pour donner de l'expansion à une colonie qui survit frileusement, des compagnies de commerce auxquelles la France a accordé un monopole de traite des fourrures s'engagent notamment à faciliter la venue de familles en Nouvelle-France. Mais ces compagnies négligent leurs devoirs de colonisation et ne songent qu'aux profits qu'elles tirent de la traite des fourrures. Leur attitude isole Champlain dans sa grande entreprise. L'explorateur se voit donc forcé, à chacun de ses passages en France, de se présenter au Conseil du Roi ou à la Chambre de commerce pour défendre les attraits de son projet et demander les appuis nécessaires.

Européens et Amérindiens : la cohabitation

D'entrée de jeu, Champlain est conscient qu'il lui est indispensable d'entretenir de bonnes relations avec les autochtones, tant pour établir un réseau de traite et s'approvisionner en fourrures que pour bénéficier des connaissances des meilleurs guides à travers le territoire. Il crée donc des alliances avec les Montagnais, les Algonquins et, plus tard, avec les Hurons. Ces tribus y trouvent d'ailleurs avantage puisque Champlain et ses hommes leur prêtent main-forte pour repousser les attaques iroquoises. Dès 1609, des Hurons viennent ainsi visiter l'établissement des Français et commercer avec eux. Ils demeurent sur place et festoient pendant quelques jours. À plusieurs reprises, d'autres groupes installent un campement à proximité de l'Habitation où, au besoin, ils trouvent les vivres et le gîte en cas d'attaque.

Des pactes d'amitié sont donc conclus, mais les Amérindiens tiennent à préserver certaines distances. Selon eux, l'intérieur du pays leur est acquis, et ils n'apprécient guère que les Français s'y aventurent, par crainte de perdre leur rôle d'intermédiaires dans la traite des fourrures.

Au-delà des transactions commerciales s'installe une interdépendance entre les deux cultures. Par exemple, les Amérindiens intègrent rapidement à leur vie quotidienne les chaudrons de cuivre pour la cuisson des aliments ainsi que les haches et les couteaux de fer, qu'ils estiment supérieurs à leurs outils de pierre. Ils se procurent également des pois secs, du tabac du Brésil, des biscuits. Ils échangent des canots contre des barques plus lourdes et plus sécuritaires pour la navigation sur le Saint-Laurent. De leur côté, les Français observent les autochtones et en adoptent certaines techniques et façons de vivre, telles la marche au moyen de raquettes, le

Lors d'échanges avec les Français, les Amérindiens choisissent, entre autres, des couvertures ainsi que des habits de laine qui sont plus confortables que leurs vêtements de peaux.

Coke Smyth, Scène d'échange, 1840. Lithographie rehaussée à l'aquarelle.
Illustration tirée de Sketches in the Canadas, Londres, Thomas McLean, s. d., planche 18.
Musée de la civilisation, dépôt du Séminaire de Québec, 1993.21100.21. Photo : Pierre Soulard.

Les fusils fabriqués en Europe représentent rapidement un outil de défense et de chasse très prisé des Amérindiens.

Anonyme, Le chasseur. Lithographie. Gravée par Burland & L'Africain, entre 1861 et 1874.

Archives nationales du Canada, C-13471.

transport par traîneaux et la circulation sur la rivière grâce aux canots. Ils découvrent aussi des denrées locales comme la courge, le blé d'Inde (maïs) et les atocas (airelles des marais ou canneberges). Ils fument le tabac qui pousse sur place.

Revers des bonnes retombées de la cohabitation, les autochtones sont périodiquement la proie de maladies «importées» de France. De plus, les Européens en imposent aux Amérindiens par leur suprématie matérielle et ils leur dictent des modes d'échange désormais basés sur l'accumulation des richesses. Mais jamais jusqu'alors les

Parmi les usages empruntés aux Amérindiens, les Français coureurs des bois en viennent à utiliser le toboggan pour transporter des marchandises.

H. P. Share, Les coureurs des bois. Illustration tirée de G. M. Grant, Pittoresques Canada, *1882, vol. 1, p. 306. Archives nationales du Canada, C-82972.*

Aux prises avec les ravages du scorbut, les Français durent s'en remettre à la science des plantes des Amérindiens, lesquels combattaient cette maladie au moyen d'un remède à base de cèdre blanc (thuya ou anneda).

Charles William Jefferys (1869-1948), Le premier remède au Canada en 1536, vers 1942. Aquarelle. Reproduit avec la permission de C. W. Jefferys Estate Archive, Toronto, Ontario. Archives nationales du Canada, C-6680.

peuples autochtones n'avaient conçu et structuré leur existence en vue d'amasser du capital et des avoirs. Les valeurs traditionnelles amérindiennes subissent donc d'importants bouleversements. Il s'ensuit une dépendance vis-à-vis des produits européens, de même que des déséquilibres majeurs dans l'organisation des rapports entre les nations autochtones et dans les stratégies que celles-ci utilisent pour la chasse et le commerce. Enfin, les Français nourrissent des visées d'évangélisation bien précises. Dès lors, tout un monde de croyances et d'usages rivés à la nature se trouve bousculé par les nouveaux arrivants.

L'or nouveau du Nouveau Monde : les peaux de castor

Avant même l'apparition de Champlain dans le tableau des grandes conquêtes, et avant même que la Nouvelle-France ne soit autre chose qu'un nom sur la carte, l'Europe se nourrit déjà de la morue des côtes

Le maïs est une céréale indigène découverte par les Amérindiens qui ont su repérer les variétés les mieux adaptées au climat nordique. Les Iroquoiens cultivaient un type de maïs qui ne mesurait que 10 cm et qui mûrissait en 50 jours seulement. Des grains de maïs ont été retrouvés lors de fouilles archéologiques à Place-Royale.

Indian Corn Plant. Illustration tirée de The Illustrated London News, 26 mai 1860.

Musée de la civilisation, bibliothèque du Séminaire de Québec, fonds ancien. Photo : Jacques Lessard.

L'histoire de la pipe et du tabac en Europe est étroitement liée à la période des grandes explorations outre-mer alors que les navigateurs entrèrent en contact avec les Amérindiens, chez qui l'habitude de fumer était courante.

Tabacs. *Illustration tirée de Allain Manesson Mallet,* Description de l'univers, *Paris, chez Denys Thierry, 1682, vol. 5, p. 331.*

Musée de la civilisation, bibliothèque du Séminaire de Québec, fonds ancien. Photo : Jacques Lessard.

de la Nouvelle-Écosse, se pare des fourrures amérindiennes et s'éclaire à l'huile de baleine. C'est dire que, dès la fin du XVIe siècle, des marchands français de Bordeaux, de La Rochelle ou de Rouen financent des expéditions de pêche le long des côtes de l'Amérique, et de traite de fourrures avec les autochtones en bordure du golfe du Saint-Laurent.

Et voici qu'à la même époque, les chapeliers de Paris s'intéressent soudain au duvet de castor pour en tirer des feutres d'un lustre et d'une beauté inégalés ! Cette découverte modifie considérablement le marché européen de la fourrure et révolutionne la mode. Du

À la fin du XVIe siècle, le marché de la fourrure en Europe est en pleine expansion. À Paris et ailleurs, une clientèle de plus en plus nombreuse fréquente les boutiques où l'on vend manchons, chapeaux, pelisses et peaux.

Boutique de fourrures. *Illustration tirée de* Recueil de planches sur les sciences, les arts libéraux, et les arts méchaniques, avec leur explication, *Paris, chez Briasson et al., 1762, tome IV.*

Musée de la civilisation, bibliothèque du Séminaire de Québec, fonds ancien. Photo : Jacques Lessard.

coup, le port de la fourrure, jusque-là réservé exclusivement à la noblesse européenne, en vertu d'anciennes lois récemment révoquées, s'étend désormais aux hommes de loi et aux bourgeois nantis. Le chapeau de castor, pour sa part, conquiert la faveur du grand public[6]. La demande s'accroît sans cesse et c'est bientôt la pénurie de fourrure sur les marchés d'Europe et de Russie. Cet engouement incite donc les marchands français à s'aventurer outre-Atlantique, le long de la côte laurentienne, pour en ramener des peaux de castor et d'autres types de fourrures. Tant et si bien qu'à la fin des années 1500, Tadoussac est considérée par les Européens comme le principal lieu d'approvisionnement en fourrures. Pour le moment, cette activité enrichit une poignée de particuliers, notamment des nobles appauvris qui rebâtissent ainsi leur fortune[7]. Très vite, cependant,

Henri Beau (1863-1949), Coiffures et Perruques 17me S. Aquarelle. Archives nationales du Canada, C-2915.

Richesse apparemment inépuisable du Nouveau Monde, le castor illustre ici une carte des Amériques du XVIIe siècle.

Des castors du Canada. Détail d'une carte de Nicolas de Fer, L'Amérique du Nord et du Sud, 1698.

Archives nationales du Canada, NMC-26825.

la France entend tirer profit de ce trafic lucratif à l'échelle nationale et décide de se réserver le monopole de l'exploitation des fourrures. Pour y réussir, il lui faut établir une colonie, un premier comptoir commercial, un réseau d'échanges avec les autochtones et un mécanisme de contrôle des marchands clandestins.

Mais où le pays va-t-il puiser les fonds nécessaires pour financer l'expansion de l'empire sur un autre continent? La réponse est toute trouvée: nous sommes à une époque où des pays tels que la France, l'Angleterre, l'Italie et l'Espagne assurent leur développement colonial grâce aux investissements de sociétés ou de compagnies formées d'armateurs, de banquiers et de marchands. En retour, l'État leur accorde le monopole d'importation et d'exportation sur un territoire déterminé et pour une durée limitée[8]. En France, à l'aube du XVIIe siècle, c'est la formule qui prévaut et c'est sous la commandite de la société de Pierre du Gua, sieur de Monts, que les voyages en Amérique du Nord s'amorcent. En contrepartie, cette compagnie obtient le monopole de la traite des fourrures sur le territoire laurentien pour une période de dix ans. Inévitablement, l'arrangement déplaît aux compétiteurs et partisans de la traite libre: des marchands bretons et normands ainsi que la Corporation des chapeliers de Paris demandent la révocation de ce monopole et finissent par avoir gain de cause en 1607. Néanmoins, dans un ultime effort de colonisation, le roi Henri IV prolonge d'un an le monopole accordé au sieur de Monts. Ce dernier est alors en mesure d'avancer les sommes nécessaires pour financer l'expédition de Champlain dans la vallée du Saint-Laurent, la construction de la première Habitation et l'entrée de la Nouvelle-France dans l'Histoire...

Entre 1609 et 1612, le sieur de Monts ayant perdu son privilège de commerce, l'Habitation de Québec sert de comptoir pour les marchands qui pratiquent la traite libre. Après cette période, elle devient le domaine exclusif des différentes compagnies qui obtiennent tour à tour le monopole de traite moyennant l'obligation, dans un premier temps, d'établir des colons et, plus tard, d'administrer la colonie. Responsabilités qui seront bien souvent délaissées, toute l'énergie étant déployée pour tirer fortune des peaux de castor.

L'intermède britannique

Dès qu'un comptoir commercial est installé à la Pointe-de-Québec, les Amérindiens s'y rendent régulièrement pour échanger leurs fourrures contre des biens manufacturés. Depuis les Grands Lacs jusqu'à Tadoussac, en passant par la rivière des Outaouais, les Français en viennent rapidement à contrôler le commerce des fourrures. Pour conserver cet immense avantage, ils s'adaptent aux coutumes des Amérindiens et au cérémonial qui fait partie de leur mode d'échange. Le respect de ces usages est vital pour le développement du commerce.

Entre autres monnaies d'échange, le Français troque du rhum en barrique contre les peaux proposées par le chasseur amérindien.

Cartouche d'une carte de William Faden, A Map of Inhabited Part of Canada from the French Surveys ; with the Frontiers of New York and New England, Londres, 1777.

Musée de la civilisation, fonds d'archives du Séminaire de Québec, Z-14. Photo : Jacques Lessard.

Prise de Quebeek par les Anglois

Au XVIIe siècle,
lorsque Québec
passe temporaire-
ment aux mains
des frères Kirke, la
victoire des Britan-
niques inspire
cette vision fantai-
siste des faits qui
donne à penser
que les bateaux
prenaient d'assaut
une forteresse des
« vieux pays »...

Prise de Quebeek
par les Anglois.
*Illustration tirée
de Louis Hennepin,*
Nouveau Voyage
d'un Pais plus grand
que l'Europe...,
Amsterdam, 1698.

*Musée de la civilisation,
bibliothèque du Séminaire
de Québec, fonds ancien.
Photo : Jacques Lessard.*

Mais rien n'est définitif puisque, entre-temps, la concurrence anglaise se fait sentir dans la vallée du Saint-Laurent. Les Britanniques ont alors pour objectif de s'approprier le commerce des fourrures et décident, pour ce faire, d'assiéger Québec, notamment en coupant la petite colonie de tout ravitaillement en provenance de la mère patrie. En 1629, on assiste à la prise de Québec par les frères Kirke. Québec vient de passer sous domination anglaise alors qu'en Europe la guerre entre la France et l'Angleterre est terminée. Mais, faute d'informations récentes, Champlain capitule sans savoir que la paix est revenue entre les deux pays, ce qui invalide cette prise de possession. Quant à l'impact de cet événement sur le trafic des fourrures, il est aisément mesurable puisque, pendant les trois années que dure le changement de régime, les Amérindiens commercent avec une compagnie anglo-écossaise de traite, la Merchants Adventure to Canada, administrée par les Kirke.

En 1632, les Français reprennent possession du territoire. Ils se préoccupent immédiatement de rétablir des liens commerciaux avec les Amérindiens. Ce n'est pas chose facile, car ces derniers hésitent à renouveler les alliances. Champlain sait cependant se montrer maître dans l'art de susciter les rapprochements et l'année 1633 sera une grande année de traite. Au lieu des 12 000 à 15 000 peaux de castor habituellement expédiées en France, les envois totaliseront cette année-là 20 000 de ces fourrures si chèrement prisées.

L'après-Champlain

Vingt-sept ans se sont écoulés entre l'arrivée de Champlain à la Pointe-de-Québec et son décès au fort Saint-Louis. Malgré tous les efforts déployés, aucune ville n'existe encore en ce pays. De fait, Québec n'est toujours, faute d'habitants, qu'un poste de traite vulnérable, un comptoir commercial où vivent une poignée d'hommes.

Après Champlain, c'est à Charles Huault de Montmagny que revient le poste de lieutenant général de la Nouvelle-France et premier gouverneur en titre. Dès son entrée en fonction, celui-ci annoncera clairement ses intentions, notamment celle de structurer une véritable cité pour mettre de l'ordre dans cette anarchie de constructions ; il sera secondé dans son entreprise par l'ingénieur et cartographe Jean Bourdon. Mais Place-Royale ne comblera pas tout de suite les désirs et les ambitions du nouveau gouverneur. Néanmoins, il ne faudra pas attendre si longtemps pour que l'endroit se développe, s'étende et s'affirme, même internationalement, conformément aux aspirations de Samuel de Champlain qui ne cessa jamais d'y croire. ❖

Être chez soi à la Pointe-de-Québec en 1620

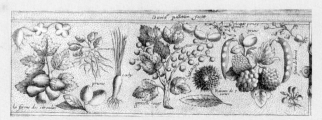

Grâce à ses talents de dessinateur et de cartographe, Champlain a laissé un grand nombre de documents illustrant sa vision de l'Amérique à explorer. Ses cartes comportaient même des indications au sujet des ressources comestibles locales : raisins, prunes, châtaignes, potirons et groseilles.

Samuel de Champlain, Détail de la Carte géographique de la Nouvelle Franse faictte par le Sieur de Champlain Saint-Tongois, cappitaine ordinaire pour le Roi en la marine faict len 1612. Estampe.

Musée de la civilisation, dépôt du Séminaire de Québec,1993.15158. Photo : Pierre Soulard.

À l'intérieur de l'Habitation, la petite société est organisée de façon très sommaire et sa subsistance dépend en grande partie des vivres et des biens de première nécessité qui lui parviennent de France par bateau. C'est ainsi qu'en juin, alors que la navigation reprend après l'hiver et que les premiers arrivages de la mère patrie sont prévus, on attend avec impatience de quoi renflouer les provisions de la colonie. Lorsque le ravitaillement a du retard, la disette s'annonce, la famine menace. On doit alors « aller chercher des herbes et racines et vasquer à la pesche de poisson, attendant le temps de nous voir plus à nostre aise[1] ».

Les nouveaux arrivants, qu'ils soient saintongeais, normands ou venus de l'Île-de-France, ont tendance à transposer leurs habitudes de vie européennes dans le nouveau décor de leur existence, ce qui a pour effet de freiner leur adaptation au milieu et d'encourager une forte dépendance à leur pays d'origine. Ainsi, « le maïs ne remplacera pas le blé et l'aiguière d'étain figure sur la liste de l'indispensable[2] ». Au plan de l'alimentation, on tente donc de reproduire le menu de base des paysans français. Néanmoins, il s'avère vite utile d'introduire les ressources locales dans les plats et d'apprêter le castor, l'orignal et l'ours noir. Le pain est primordial dans la ration quotidienne. On mange aussi des galettes et des biscuits. Les soupes,

Vivre en Nouvelle-France, c'est être entouré d'une forêt profonde. Abattre les arbres, essoucher, préparer le bois, autant de tâches qui mettent à contribution les outils les plus humbles.

Hache en fer forgé.

Ministère de la Culture et des Communications, 151QU-5V17-711. Photo : Jacques Lessard.

purées, ragoûts ou le lard bouilli sont agrémentés de cidre ou de vin.
Le potager fournit quantité de fruits et de légumes, réserves qu'on épuise rapidement. L'élevage de poulets et de pigeons domestiques se fait sur le site même de l'Habitation, tandis que les canards, perdrix, oies, bécassines et autres oiseaux sauvages se capturent aux alentours.

Les objets retrouvés lors des fouilles archéologiques rendent compte de la diversité des activités qui se déroulent à l'intérieur même de l'Habitation. Des perles de verre, par exemple, attestent des échanges commerciaux pratiqués sur les lieux avec des Amérindiens. Il arrive d'ailleurs que ces derniers campent tout à côté, tel que l'indiquent des traces de foyers. Les fusils, lames d'épées, plombs, couteaux à bois, haches et bêches mis au jour rappellent que la survie, à cette époque, dictait à chacun de se défendre, de chasser, de se loger autant que de défricher la terre. Les croix, grains de chapelet et bagues des jésuites témoignent de la pratique religieuse. D'autres objets, comme les pipes, laissent entrevoir quelques moments de détente alors qu'on s'acharne à bâtir un pays. Enfin, les noyaux et les semences de plantes sauvages retrouvés à l'intérieur de l'Habitation correspondent à l'intérêt de Champlain pour l'agriculture. C'est d'ailleurs lui, vraisemblablement, qui fait connaître aux Français une plante trouvée en sol d'Amérique et jusqu'alors inconnue des Européens : l'anis. ❖

Depuis longtemps, la gourde accompagnait pèlerins et voyageurs. Les gourdes en grès français trouvées dans l'Habitation faisaient probablement partie des objets personnels des arrivants plutôt que de l'équipement de l'établissement.

Gourde en grès français.
Ministère de la Culture et des Communications, 151QU-1J6-18. Photo : Jacques Lessard.

Le métier de tailleur est exclusivement masculin. Bien sûr, dans un monde d'hommes, on ne doit compter que sur soi pour les menus travaux de couture.

Dé à coudre et agrafe décorative en laiton. Ministère de la Culture et des Communications, 151QU-6R7-722, 151QU-6L15-758. Photo : Jacques Lessard.

Croix de chapelet en cuivre.
Ministère de la Culture et des Communications, 151QU-8A5-843. Photo : Jacques Lessard.

1. Samuel de Champlain, *Œuvres de Champlain*, 2ᵉ éd., présenté par Georges-Émile Giguère, vol. III, Montréal, Éditions du Jour, 1973, p. 1174.

2. Françoise Niellon et Marcel Moussette, *L'Habitation de Champlain*, Québec, Publications du Québec, coll. «Patrimoines», n° 58, 1995, p. 67.

L'hiver 1633-1634 en Nouvelle-France

« S'il y a du froid, il y a du bois »

Le père jésuite Paul Le Jeune relate dans ses écrits que l'hiver 1633-1634 à Québec « a esté beau car il a esté blanc comme neige, sans crotte et sans pluie » et qu'il a fallu tracer dans la neige un chemin dont les rebords dépassaient d'un demi-mètre la petite habitation de sa congrégation sur la rivière Saint-Charles. Il ajoute que, par grands froids :

> Nous entendions les arbres se fendre dans les bois et en se fendant faire un bruit comme des armes à feu. Il m'est arrivé qu'en escrivant fort près d'un grand feu, mon encre se gelait et par nécessité, il fallait mettre un réchaud plein de charbons ardents proche de mon escritoire ; autrement, j'eusse trouvé la glace noire au lieu d'encre.
>
> Cette rigueur démesurée n'a duré que dix jours, non pas continuels, mais à diverses reprises. Le reste du temps, quoique le froid surpasse de beaucoup les gelées de France, il n'a rien d'intolérable et je puis dire qu'on peut icy plus aisément travailler dans les bois qu'on ne fait en France, où les pluies de l'hiver sont fort importunes, mais il faut s'armer de

Durant l'hiver, le père Le Jeune se fait fort d'apprendre à chausser les raquettes de neige, « ces grands patins » comme il les appelle. Il admire l'habileté des Amérindiens qui ont le don de « sauter comme des daims et de courir comme des cerfs », même avec cet accoutrement ! Quant à lui, il avoue que « à tous coups, il donneroit du nez dans la neige »...

Illustration tirée de Baron de Lahontan, Nouveaux Voyages dans l'Amérique Septentrionale, *La Haye, 1703, vol. 1, p. 72-73.*

Musée de la civilisation, bibliothèque du Séminaire de Québec, fonds ancien. Photo : Jacques Lessard.

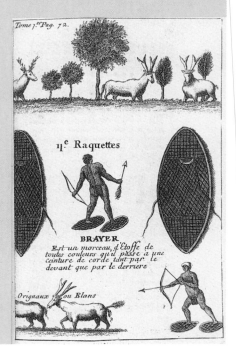

Dans les années 1700, les gravures représentant les Amérindiens prêtent souvent à ces derniers une physionomie européenne, omettant de souligner leurs traits distinctifs. Ce qui fascine toutefois les illustrateurs, ce sont notamment ces canots fabriqués avec de l'écorce de bouleau, embarcations légères qu'on peut porter facilement pour contourner les rapides.

Sauvages voguant de bout dans un grand Canot. *Illustration tirée de Baron de Lahontan,* Nouveaux Voyages dans l'Amérique Septentrionale, *La Haye, 1703, vol. 1, p. 34-35.*

Musée de la civilisation, bibliothèque du Séminaire de Québec, fonds ancien. Photo : Jacques Lessard.

bonnes mitaines si on ne veut pas avoir les mains gelées. Nos sauvages néanmoins s'en venaient quelquefois chez nous à demi nuds, sans se plaindre du froid ; ce qui m'apprend que si la nature s'habitue à cela, la nature et la grâce pourront bien nous donner assez de cœur pour le supporter joyeusement. S'il y a du froid, il y a du bois.

Cet hiver-là, la rivière Saint-Charles est si bien gelée que « cent carrosses auraient passé dessus sans l'ébranler ». Même étonnement du jésuite français devant le spectacle que lui offre le Saint-Laurent :

Le second jour de janvier, je vis quelques sauvages qui s'efforçaient de passer dans leurs canots la grande ricvière de Sainct-Laurent. Ce fleuve ordinairement ne gèle point au milieu. Il charrie ou porte d'horribles glaces, selon le cours et mouvement de la marée. Ces pauvres gens abordaient de grandes glaces flottantes, les sondaient avec leurs avirons, montaient dessus, tiraient leurs canots après eux pour s'en aller prendre l'eau à l'autre côté des glaces. Quoi qu'ils soient très habiles, il ne laisse pas de s'en noyer quelques-uns[1]. ❖

a1. Paul Le Jeune, *Relation de ce qui s'est passé en la Nouvelle France en l'année 1633 : envoyée au R. P. Barth. Jacquinot, provincial de la Compagnie de Jésus en la province de France dans* Monumenta Novæ Franciæ : Établissement à Québec (1616-1634), *par Lucien Campeau, vol. II, Québec, Presses de L'Université Laval, 1979, p. 422.*

La grande foire annuelle des fourrures (Québec, 1633)

En 1633, alors que l'Habitation est considérée comme un important comptoir de traite, Québec accueille la grande foire annuelle des fourrures. Le 28 juillet, l'affluence est telle que, face à l'Habitation, sur la grève, on compte plus de 160 canots chargés de peaux. Jusqu'à 500 Hurons accompagnés de 60 chefs sont au rendez-vous. D'autres groupes ont également répondu à l'appel, dont les Népissingues et les Montagnais. C'est la première fois, semble-t-il, que les Amérindiens se présentent en si grand nombre[1]. Ceux-ci procèdent d'abord à l'installation du campement. Puis on assiste au déroulement du rituel, lequel est évoqué pour nous dans les *Relations* des jésuites :

> Le premier iour qu'ils arrivent ils font leur cabane, le second ils tiennent leurs conseils, et font leurs présents ; le troisiesme et quatriesme ils traitent, ils vendent, ils acheptent, ils troquent leurs pelleteries et leur petun contre des couvertures,

En 1633, alors que Québec accueille la grande foire des fourrures pour la première fois, on sort à peine de l'épisode des frères Kirke et Champlain vient de rentrer de France. Ce dernier est alors particulièrement soucieux de renouer les ententes commerciales avec les Amérindiens et l'événement se prête bien à la reprise des accords.

Francis Back, Scène de traite à Québec. Gouache, encre et crayon, 1994.

des haches, des chaudieres, des capots, des fers de flèches, des petits canons de verre, des chemises, et choses semblables. [...] Ils prennent encore un iour pour leur dernier conseil, pour le festin qu'on leur fait ordinairement, et pour danser, et puis le lendemain du grand matin ils passent comme une volée d'oiseaux[2].

[...] Le iour suivant 6 Aoust tous les Hurons trousserent bagage, et en moins de rien enleverent leurs maisons et leurs richesses, et les emporterent avec eux pour s'en servir pendant le chemin d'environ 300 lieues qu'on compte de Kebec en leur païs. [...] Ils estœint cinq à six cents, Hurons vestus à la sauvage, les uns de peaux d'ours, les autres de peaux de castor, et d'autres de peaux d'Eslan, tous hommes bien faits, d'une riche taille, hauts, puissants, d'une bonne paste et d'un corps bien fourny [...][3]. ❖

1. Marcel Trudel, *La seigneurie des Cent-Associés, 1627-1663*, vol. I, Montréal, Fides, coll. «Histoire de la Nouvelle-France», 1979-1983, p. 143.

2. *Relations des jésuites* [1611-1672] : *contenant ce qui s'est passé de plus remarquable dans les missions des Pères, de la Compagnie de Jésus dans la Nouvelle-France*, vol. I, Montréal, Éditions du Jour, 1972, p. 39.

3. *Ibid.*, vol. I, p. 43.

Samuel de Champlain (1567-1635) : portrait d'un explorateur visionnaire

Samuel de Champlain naît à Brouage, en Saintonge, entre 1567 et 1570[1]. Fils de marin, il est d'abord militaire dans l'armée de Bretagne au service du roi Henri IV. Rapidement, il se passionne pour les voyages et la navigation. En 1598, il prend part à ses premières expéditions, notamment dans le but d'atteindre les Indes occidentales et de ramener à Sa Majesté Henri IV une description détaillée du pays, des ressources qu'on y exploite, de ses habitants et de leurs mœurs. Les rapports qu'il rédige sur le terrain sont tels qu'ils lui valent bientôt l'estime du roi, dont il reçoit une pension à partir de 1599. Vers la même époque, il touche un héritage, de sorte que ces deux revenus combinés lui assurent l'indépendance financière.

En 1603, il prend part aux expéditions de la compagnie du sieur de Monts dans le Saint-Laurent et sur la côte est de l'Atlantique. Il y participe d'abord en tant qu'observateur, puis on a recours à ses compétences de cartographe, ethnographe, navigateur, illustrateur et concepteur de bâtiments d'habitation. Cinq ans plus tard, il persuade la Compagnie de remettre le cap sur le Saint-Laurent, et c'est alors à titre de lieutenant général du sieur de Monts qu'il a la charge de l'expédition vers Québec et qu'il fonde le premier établissement français permanent en Amérique[2].

De 1612 à 1627, Champlain occupe le poste de lieutenant des différents vice-rois : Henri de Bourbon, prince de Condé, Henri de Montmorency et Henri de Lévy, duc de Ventadour. De 1627 jusqu'à sa mort, il est le lieutenant du cardinal Richelieu, agissant comme gouverneur sans toutefois en détenir le titre officiel.

Champlain meurt le 25 décembre 1635. Sa dépouille est déposée à l'intérieur d'un petit bâtiment de bois annexé à la chapelle Notre-Dame-de-la-Recouvrance, qui brûle en 1640.

Le personnage de Champlain inspira bien des peintres mais, dans les faits, il n'existe aucun portrait authentique de celui qui fut appelé le « père de la Nouvelle-France ». Dans ce cas-ci, l'artiste Montcornet a prêté à Champlain les traits d'un contrôleur français des Finances. Étrange rapprochement puisque, selon toute évidence, le fonctionnaire ne présentait aucune ressemblance avec le célèbre navigateur !

Samuel de Champlain. D'après une gravure de Montcornet. Aquarelle et gouache.

Musée de la civilisation, dépôt du Séminaire de Québec, 1993.15260.
Photo : Jacques Lessard.

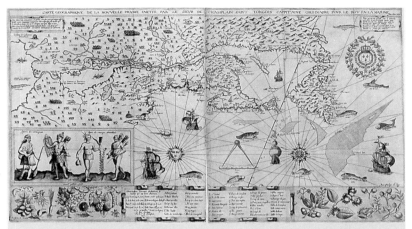

Samuel de Champlain, Carte géographique de la Nouvelle Franse faictte par le Sieur de Champlain Saint-Tongois, cappitaine ordinaire pour le Roi en la marine faict len 1612. Estampe.

Musée de la civilisation, dépôt du Séminaire de Québec, 1993.15158. Photo : Pierre Soulard.

Celui qu'on appellera plus tard le « père de la Nouvelle-France » s'illustra par ses dons multiples mis au service de l'enracinement français au sein d'un continent inconnu. Écrivain prolifique, il nous a laissé en héritage le récit vivant de ses voyages et découvertes ainsi que des dessins et des cartes d'une précision étonnante. Voici comment, dans une lettre adressée en 1613 à Marie de Médicis, régente du roi Louis XIII, ce navigateur passionné confiait ses aspirations de voyageur-découvreur habité par un immense projet...

Entre tous les arts les plus utiles & excellens, celuy de nauiger m'a tousiours semblé tenir le premier lieu [...] C'eft cet art qui m'a dés mon bas age attiré à l'aimer, & qui m'a prouoqué à m'expofer prefque toute ma vie aux ondes impetueufes de l'Ocean, & qui m'a fait nauiger & costoyer vne partie des terres de l'Amerique & principalement de la Nouuelle France, où j'ay tousiours en desir d'y faire fleurir le Lys avec l'vnique Religion Catholique, Apoftolique & Romaine[3]. ❖

Pour écrire un mot, il faut plusieurs plumes d'oie bien taillées, un canif, de l'encre noire, de la poudre siccative, du papier chiffon et bien d'autres choses encore...

Écritoire en plomb dite « de Champlain ».

Ministère de la Culture et des Communications, 151QU-IB7-34. Photo : Jacques Lessard.

1. *La France d'Amérique : voyages de Samuel de Champlain, 1604-1629*, présentation de Jean Glénisson, Paris, Imprimerie Nationale, coll. « Voyages et découvertes », n° 0183-8261, 1994, p. 14.

2. Pierre Bureau, Paule Renaud, René Rivard et Louise Pothier, *L'Aventure de Place-Royale, 1608-1860 : Concept d'exposition permanente de Place-Royale*, Québec, Musée de la civilisation, Service des expositions thématiques, 1993, p. 19.

3. Samuel de Champlain, *Œuvres de Champlain*, 2e éd., présenté par Georges-Émile Giguère, vol. I, Montréal, Éditions du Jour, 1973, p. 137.

3

L'effervescence : un port de mer exigu en expansion (1636-1681)

A VEC LE TEMPS, l'Habitation s'entoure d'un village, s'inscrit dans une ville, fait face au premier port de mer de la Nouvelle-France. C'est l'éclatement du petit noyau du début. De plus en plus nombreux, des immigrants viennent à Place-Royale pour faire des affaires, trouver une compagne, fonder un foyer et entreprendre une vie nouvelle en toute confiance.

Au milieu des années 1630, il n'y a pas encore un village, à proprement parler, en contrebas du cap aux Diamants. Tout au plus, le boisé s'estompe-t-il graduellement au profit du tracé de la rue Notre-Dame et de la rue des Roches (Sous-le-Fort) auxquelles s'ajoute le chemin qui monte au fort Saint-Louis (côte de la Montagne), dont la construction vient de se terminer. Mais l'accroissement de la colonie se poursuit lentement. On assiste entre autres, à l'arrivée des religieux à qui des concessions ont été accordées prioritairement. Les pères jésuites obtiennent le premier des lots cédés, soit un terrain en bordure de la rue Notre-Dame où ils bâtissent aussitôt une cave ou cellier, appelé aussi magasin, pour l'entreposage des meubles et provisions apportés de France[1].

Quinze ans plus tard, à la suite de l'arrivée d'autres colons et de membres de congrégations, une agglomération prend forme et regroupe une dizaine de bâtiments. Il s'agit d'abord de l'Habitation,

Les Ursulines bâtirent leur monastère à la haute-ville de Québec et y firent leur entrée le 21 novembre 1642. Plutôt fière de ce bâtiment qui venait concrétiser l'établissement de la congrégation dans la colonie, Marie de l'Incarnation qualifia la nouvelle maison de « la plus belle et la plus grande qui soit en Canada pour la façon d'y bâtir ».

Joseph Légaré (1795-1855), Le Monastère des Ursulines. Huile sur toile, 1840.

Musée des Ursulines de Québec.

qui sert maintenant de magasin. On retrouve, à proximité, les magasins des Jésuites et des Sulpiciens ainsi que le vaste entrepôt de la Communauté des Habitants. On compte également la forge, la boulangerie, la brasserie et la demeure de la succession Juchereau, qui fut occupée de 1639 à 1642 par les Ursulines.

Une toute nouvelle effervescence

En 1650, le père jésuite Paul Ragueneau décrit Québec sans complaisance comme « un misérable bourg d'une trentaine de maisons dispersées sans aucun ordre[2] ». Mais les années qui suivent marquent un tournant et il faudra une décennie pour que le projet de ville se concrétise. À cette époque, Place-Royale subit une poussée démographique sans précédent : du début à la fin de l'été, le havre du Cul-de-Sac accueille maintenant quantité d'immigrants, venus pour la plupart de la Normandie et de l'ouest de la France, des provinces de l'Angoumois, d'Aunis, du Poitou, de la Saintonge. D'autres viennent des régions de Paris, de la Loire et du sud du pays. Ils ont pour noms Joseph Gravel, Mathurin Gagnon, Pierre et Jean Gagnon, ses frères, Toussaint Toupin, Philippe Amiot, etc. Ce sont des marchands, des négociants et des ouvriers. Attirés par l'accès au libre commerce d'import-export qui a cours depuis 1648, ils veulent tenir boutique à Place-Royale parce qu'on y est à proximité du port, là où se brassent les affaires[3].

La demande de places à bâtir se fait bientôt si pressante que tout l'espace disponible sur cette étroite bande de terre entre la falaise et le fleuve se trouve totalement occupé. Il faut dire que l'exiguïté du site complique passablement le découpage en parcelles. Pour l'instant, le développement dessine des voies perpendiculaires par rapport à l'eau et une place publique de forme allongée vers laquelle convergent les principales artères. C'est autour de cette place, et dans la rue Saint-Pierre nouvellement ouverte, que s'installent les marchands et les administrateurs qui s'adonnent au commerce. Le tout offre désormais un certain attrait, s'il faut en croire un des premiers touristes du temps, Asseline de Romual, venu à Québec en 1662, « pour le plaisir de voir », précise-t-il. Durant son séjour, il loge à l'auberge de Jean Gloria, rue du Sault-au-Matelot, un secteur qui, selon lui, « est mieux batye que la haulte ville parce que c'est la demeure des marchands et ou sont tous les magasins[4] ».

Traverser l'océan pour prendre mari !

Vers 1660, la Nouvelle-France est encore un monde d'hommes. Ceux-ci sont venus d'Europe pour améliorer leur condition, certes, mais aussi pour s'enraciner dans ce pays. Mais pour ce faire, ne leur faut-il pas une épouse ? Or, en ce début d'établissement, les demoiselles sont rares. Dès lors, la royauté, qui administre la colonie en 1663 et qui est bien consciente que le développement de cette partie de l'Amérique dépend de l'implantation des familles, envoie ses « filles du Roi ». Qui sont-elles ? Avant d'immigrer, elles ont souvent été pensionnaires à la Salpêtrière à Paris, un lieu d'hébergement qui accueille les indigents de tous âges issues de la petite noblesse appauvrie ou de milieux plus populaires. Plusieurs sont orphelines.

Le 18 juin 1665 arrive un vaisseau ayant à son bord de jeunes Françaises venues pour se marier et peupler la colonie. Dans le port, une foule masculine se presse et guette, cette fois, non pas le débarquement de marchandises expédiées d'Europe, mais plutôt l'apparition des nouvelles venues. Et là, pratiquement à l'instant même où celles-ci mettront le pied à terre, des couples vont se former...

Histoire de favoriser les unions, une peine est infligée, à compter de 1670, aux pères dont les enfants ne sont pas encore mariés à l'âge de 20 ans, pour les fils, et de 16 ans pour les filles. Un an plus tard, une autre règle est instaurée par les autorités, toujours dans le but d'accélérer les choses : il est désormais défendu aux hommes de la colonie de pratiquer la pêche et la chasse, et de traiter avec les Amérindiens

Après de longues semaines de traversée, Place-Royale marque le terme du voyage des filles du Roi qui leur réserve d'autres imprévus, qu'il s'agisse de l'époux qu'elles vont rencontrer (rapidement !) ou des conditions de vie et du climat à affronter.

Charles William Jefferys (1869-1951), L'arrivée des filles françaises à Québec en 1667. Aquarelle. Reproduit avec la permission de C. W. Jefferys Estate Archive, Toronto, Ontario.

Archives nationales du Canada, C-10688.

Francis Back,
La mariée en 1637.
Gouache, encre
et crayon, 1997.

si, en tant que jeunes candidats au mariage, ils n'ont pas trouvé épouse dans les 15 jours suivant l'arrivée des bateaux amenant les filles du Roi.

Exemple de situation classique, les registres indiquent que, très rapidement après son arrivée, Catherine Normand, issue de milieu bourgeois parisien, épouse Pierre Normand dit Labrière, maître taillandier de Place-Royale[5]. Ils s'installeront rue du Cul-de-Sac, y habiteront une maison de six pièces comptant également cave et grenier, et auront 10 enfants dont un mourra en bas âge. Et malgré la vie rude et les maternités répétées, Catherine atteindra presque la soixantaine. Au début de leur vie commune, la mariée a 20 ans et le marié en a 29. Considère-t-on à l'époque qu'ils se sont unis plutôt jeunes ou, pour le marié surtout, plutôt sur le tard? Au commencement de la colonie, les jeunes filles sont peu nombreuses au pays et sont donc, le plus souvent, très convoitées. De ce fait, elles se marient tôt et les demoiselles de Place-Royale n'échappent pas à cette règle. Les hommes, quant à eux, se marient en moyenne six ans plus tard que les femmes, et plus âgés que leurs contemporains vivant en Europe. Au XVIIe siècle, en effet, un homme du groupe des 25-29 ans épouse habituellement une fiancée de moins de 20 ans. Au siècle suivant, les données changent et les femmes se marient plus fréquemment entre 20 et 24 ans. Étant plus nombreuses, elles n'ont plus à céder à des pressions aussi insistantes.

Le bord du fleuve s'urbanise

Les années 1660 ont favorisé l'essor de Place-Royale et ce mouvement a considérablement accéléré la construction résidentielle. Dès lors, les autorités se voient forcées d'adopter des règlements qui constituent les premiers jalons d'une politique d'urbanisme. On se préoccupe, entre autres, de l'état et du développement de la voirie et des risques d'incendie. À cet égard, le gouverneur en poste Louis de Buade, comte de Frontenac, édicte des Règlements de police en même temps qu'il ébauche un premier code du bâtiment. Place-Royale en sera le premier lieu d'application.

Au pied du promontoire c'est donc l'expansion. La cité marchande existe bel et bien. Place-Royale rassemble une soixantaine de maisons auxquelles s'ajoutent neuf bâtiments commerciaux, soit des magasins, des ateliers d'artisans et une brasserie. Serrées les unes contre

En contrebas du fort Saint-Louis s'alignaient les petites maisons de la basse-ville du XVIIe siècle. La majorité d'entre elles étaient construites en bois ou, à la manière normande, en colombage pierroté. Elles avaient habituellement un étage et étaient coiffées de toits à deux versants recouverts de planches ou de bardeaux. À cette époque, un seul bâtiment se démarquait vraiment des autres constructions, soit la résidence du sieur Aubert de la Chesnaye, l'un des hommes d'affaires les plus prospères de l'endroit et... père de 18 enfants.

Jean-Baptiste Louis Franquelin, Carte du Fort St Louis de Québec, *1683.*
Archives nationales du Canada, C-16056.

Jean-Baptiste Louis Franquelin, *Cartouche de la Carte de l'Amérique septentrionale [...] contenant le pays du Canada ou Nouvelle-France, la Louisiane, la Floride [...]*, 1688. *Copie par P. L. Morin. Musée de la civilisation, fonds d'archives du Séminaire de Québec, Z-202. Photo: Pierre Soulard.*

les autres, les habitations occupent généralement tout le front du lot de terrain, à l'arrière duquel une cour fermée permet d'avoir un petit jardin, des bâtiments de service et des animaux domestiques.

L'époque du comptoir de traite est révolue

Dans la seconde moitié du XVIIe siècle, quel rôle Place-Royale joue-t-elle en ce qui concerne le commerce des fourrures vers la France, élément dominant dans la colonie? Après avoir été pendant plusieurs décennies un comptoir de traite, rôle que remplissent depuis peu les secteurs de Trois-Rivières et de Montréal, Place-Royale est devenue le grand centre administratif de ce commerce. C'est donc dans la basse-ville de Québec qu'on entrepose et expédie les pelleteries, de même qu'on reçoit et distribue les marchandises de traite. Tous ces transbordements créent une intense activité portuaire à la source même de la vitalité de la place marchande.

Nous sommes en 1680. Place-Royale, dont la population atteint 300 personnes, est le lieu de résidence d'administrateurs coloniaux, de négociants et de commerçants de toutes sortes et de fortunes diverses. Gravitent autour d'eux des professionnels, notaires, avocats, ingénieurs. S'ajoutent des artisans de l'alimentation, du cuir, de la construction, du bois, du textile. D'autres travailleurs sont affectés aux activités maritimes. Tous ces gens et leurs familles évoluent dans une société régie par les représentants du roi, c'est-à-dire le gouverneur et l'intendant, sans oublier l'évêque qui représente l'autorité de l'Église. Ceux-ci exercent leur autorité depuis le sommet de la falaise, au Château Saint-Louis et au Palais épiscopal. C'est aussi en haut de la côte de la Montagne que se trouve l'église Notre-Dame-de-Québec où l'on se rend pour les offices religieux.

Alors que tous ceux qui vivent à Place-Royale vaquent à leurs occupations et s'activent à la croissance de la ville nouvelle, un événement majeur viendra bouleverser l'existence de chacun : 1682 sera l'année d'un incendie qui rasera en grande partie, et en une seule nuit, plus d'un demi-siècle de persévérance. ✧

Résidence de sieur Aubert de La Chesnaye. Jean-Baptiste Louis Franquelin, Détail de la Carte de l'Amérique septentrionale [...] contenant le pays du Canada ou Nouvelle-France, la Louisiane, la Floride [...], *1688. Copie par P. L. Morin.*
Musée de la civilisation, fonds d'archives du Séminaire de Québec, Z-202.
Photo : Pierre Soulard.

Habiter rue Notre-Dame en 1660

Comment s'introduit-on, près de 350 ans plus tard, chez un résidant de Place-Royale de façon à « voir » à travers le temps les objets qui lui appartenaient, ainsi qu'à sa famille, et à retracer ainsi son environnement quotidien ? Ce sont principalement les notaires de l'époque qui nous révèlent le mieux le contenu des habitations, grâce à l'inventaire des biens qu'ils rédigeaient lors des décès. À cette documentation s'ajoute la quête minutieuse des archéologues sur les lieux mêmes où les premiers habitants ont élu domicile.

Les pots en terre sont particulièrement bien adaptés à la cuisson lente des aliments tels que ragoûts et potages.

Pot tripode en terre cuite commune française.

Ministère de la Culture et des Communications, CeEt-201-2C35-689.
Photo : Jacques Lessard.

Contrairement à bon nombre de ses voisins, Jacques Maheu n'est pas commerçant, mais cultivateur. Il possède des terres dans les environs de Québec et en tire l'essentiel de ses revenus. Il pratique aussi la pêche, ce qui augmente les ressources dont il dispose pour faire vivre sa famille. Il demeure rue Notre-Dame avec sa femme Jeanne Couvent et son fils Jean. Sa petite maison d'un étage est en bois et a été construite en 1656.

La maison comporte une chambre, un cabinet qui fait office de laiterie ainsi qu'une salle commune dans laquelle se déroulent la plupart des activités domestiques. L'ameublement et les objets que nous y retrouvons sont de première nécessité. Aucun luxe chez les Maheu. Une couchette à pavillon, un lit garni de rideaux, une table ronde et deux bancs côtoient des armes à feu, des accessoires de chasse, des marmites, des ustensiles, deux coffres et l'armoire qui sert de rangement pour les vêtements et le linge de maison. Dans la salle commune, il y a, bien sûr, un âtre auprès duquel on prépare les repas, on mange, on s'adonne à de menus travaux et on se glisse sous les couvertures froides pour dormir.

Dans la cave de Jacques Maheu, il y a un pot en grès à saler du beurre ainsi qu'un pot de 15 livres et une tinette de beurre. Si les pots sont plus favorables à la conservation, les tinettes, en bois, sont plus résistantes lors du transport.

Pot à beurre en grès français.

Ministère de la Culture et des Communications, 1QU-2154b-8.
Photo : Jacques Lessard.

Dans son grenier, Jacques Maheu entrepose le blé et le maïs. La cave est un endroit frais où il conserve le lard, la viande d'orignal, le beurre, l'eau-de-vie et le vin.

En différents endroits de la maison, nous repérons des objets qui semblent indiquer que le propriétaire des lieux s'adonnait à quelque commerce avec les Amérindiens : peaux de castor, d'ours et d'orignal ; collier de porcelaine et seau en cuivre rouge ; gibecière de peau d'orignal et de porc-épic, bracelets de porc-épic fabriqués par les autochtones.

Voilà l'essentiel des avoirs d'un homme qui est loin d'être pauvre ! En effet, à sa mort en 1663, il laisse à sa veuve amplement de quoi vivre puisqu'il possède des terres et des animaux et qu'il a accumulé l'argent que lui a rapporté la pêche.

Au moment de son décès, d'importants changements surviennent à Place-Royale puisque le secteur est presque assiégé par les marchands, artisans et journaliers tandis que Québec, dans son ensemble, s'urbanise. Dans les années qui vont suivre, les cultivateurs comme Jacques Maheu seront appelés à vivre sur leur terre en bordure de la ville. ❖

La réglementation urbaine dans les années 1670[1]

> « [Il faudrait que] lorsque quelque particulier voudra bâtir, il le fasse avec symétrie, et d'une manière que cela puisse augmenter la décoration et l'ornement de la ville. »
>
> Le gouverneur Frontenac, 1672

- Disposition des bâtiments : les propriétaires prévoyant la construction d'un bâtiment doivent le faire selon l'alignement prévu des immeubles afin de ne pas empiéter sur la voie publique.
- Lieu du marché : un endroit est désigné pour la tenue du marché et la vente des grains, denrées, viandes, etc.
- Protection contre le feu :
  - il est défendu aux résidants de Québec de fumer dans la rue et de transporter du tabac sur eux ;
  - les murs pignons des bâtiments doivent être construits en maçonnerie ;

Bien que James Pattison Cockburn ait peint cette aquarelle en 1829, son tableau met en évidence deux caractéristiques des habitations de la ville, largement répandues avant cette date, soit les murs coupe-feu et les échelles que l'on plaçait sur les toits en cas d'incendie.

James Pattison Cockburn (1779-1847), La rue Saint-Jean à Québec, 1829. Aquarelle.
Royal Ontario Museum, 951.205.12.

Photographie récente des toitures de Place-Royale (1996).
Photo : Claudel Huot.

- des échelles doivent être fixées sur les toits pour que l'on puisse abattre ceux-ci si un incendie survient ;
- les cheminées doivent être ramonées tous les deux mois ;
- des poêles de briques et de fer doivent être insérés dans les cheminées ;
- les artisans du fer doivent construire leurs ateliers le long de la côte de la Montagne ;
- des forges peuvent être construites en basse-ville à la seule condition qu'elles soient faites en maçonnerie avec des cheminées de même hauteur que celles des maisons voisines.

• Hygiène : chaque propriété doit avoir ses latrines [on précise que ces commodités doivent être « privées »]. ◈

1. Pierre Bureau, Paule Renaud, René Rivard et Louise Pothier, *L'Aventure de Place-Royale, 1608-1860 : Concept d'exposition permanente de Place-Royale*, Québec, Musée de la civilisation, Service des expositions thématiques, 1993, p. 38.

4

La tragédie : Place-Royale
en proie aux flammes !
(1682-1685)

◀ PAGE PRÉCÉDENTE

Maison ancienne en proie aux flammes. Photo : Christiane Roland.

DANS LA NUIT du 4 au 5 août 1682, un violent incendie rase la presque totalité de Place-Royale. Partout, c'est la panique, puis la consternation. Mais on n'abdique pas pour autant! On construit mieux, plus solide, plus spacieux. Pourtant, les ravages du feu continueront longtemps de hanter les esprits...

L'année 1682 fut mémorable par un malheur dont Québec se ressentira longtemps. Le feu prit à une maison de la Basse Ville et comme elles êtoient toutes fort combustibles, nêtant bâties que de bois, et la saison êtant fort seche, le feu se communiqua si vîte qu'en peu de tems toute la ville se trouva réduite en cendre, c'êtoit le 5e d'août, fête de Notre-Dame des Neiges, à dix heures du soir. Nous nous éveillâmes aux cris effroyables que nous entendîmes dans le voisinage, et nous ne fûmes pas peu allarmées de voir qu'il faisoit aussy clair chez nous qu'en plein midy. Les flammes êtoient si ardentes et si élevées que cela faisoit horreur. On ne pût rien sauver de tant de belles et bonnes marchandises dont tous les magasins êtoient remplis, et on perdit plus de richesses dans cette triste nuit que tout le Canada n'en possède a present[1].

Recueilli dans les annales de l'Hôtel-Dieu, ce récit témoigne bien de l'ampleur de la tragédie qui s'abat cette année-là sur Place-Royale et ses habitants. Le 5 août, le feu débute à 22 heures chez le tailleur Étienne Blanchon de la rue Notre-Dame, puis s'étend à la maison de son voisin Philippe Nepveu. On sonne alors le tocsin et toute la population reçoit ordre de prêter main-forte, d'aller chercher de l'eau, de démolir les maisons avoisinantes. Le choc est énorme parmi la foule, mais les moyens sont bien minces pour opposer une vraie résistance aux flammes qui prennent de la force. D'ailleurs, le feu a maintenant traversé la rue et s'attaque au magasin des Jésuites et aux autres immeubles. L'incendie court jusqu'au matin et presque toute la basse-ville y passe. Bilan : cinquante-trois édifices rasés, dont le Vieux Magasin, dernier vestige de la deuxième Habitation ; peu d'habitants ont pu sauver leurs biens. Au milieu de la désolation, les religieuses de l'Hôtel-Dieu en haute-ville hébergent les sinistrés et leur donnent des vêtements. Plus favorisé que ses voisins, le marchand Aubert de La Chesnaye a été épargné par l'incendie ; il fournira une partie importante de l'argent nécessaire à la reconstruction.

Le généreux personnage possède le titre de seigneur, tout en étant représentant de la Compagnie des Indes occidentales et président de la Ligue des marchands de La Rochelle.

Le chantier, la nouvelle Place-Royale

Après le drame, on n'a guère le temps de s'apitoyer. Place-Royale doit être rapidement rebâtie, avec les améliorations qui s'imposent. Ainsi, les nouvelles constructions, souvent assises sur d'anciennes fondations, sont plus élevées qu'auparavant et elles sont désormais en pierre, ou mi-pierre et mi-colombage, par prévention contre le feu. Par ailleurs, on fait montre d'un souci de symétrie dans les aménagements et les façades, selon un courant alors à la mode en Europe. Toute l'opération se fait sous l'œil vigilant des administrateurs qui veillent à ce que les règlements d'urbanisme soient respectés.

À l'automne 1682 et au printemps 1683 (l'hiver impose un inévitable ralentissement), la place est un vaste chantier dont le principal artisan est l'entrepreneur en bâtiment Claude Baillif, assisté de deux maçons, Jean Le Rouge et Jean Poliquin. Le notaire, Gilles Rageot, est celui chez qui les responsables des travaux et les propriétaires sinistrés concluent des ententes au sujet des modalités de construction des nouvelles maisons. Les ouvriers sont au travail : le maçon voit à l'édification de la coquille, des cheminées, du four, du mur porteur ; le charpentier manie l'herminette ou la tarière, dresse les poutres de soutien, assemble le comble, fait les planchers et les travaux majeurs de structures ; le travail de finition est l'affaire du menuisier ; le revêtement du toit est laissé au couvreur. En face, à marée haute, des barques arrivent et déchargent les matériaux sur la grève, notamment des poutres de bois, des madriers, des pieux de cèdre et de la pierre.

Une à une, les nouvelles maisons accueillent leurs propriétaires. Elles sont généralement plus spacieuses que les précédentes. Cependant, comme la dimension des lots est restée inchangée, l'espace urbain s'en trouve plus densément occupé. Le carré de la maison s'agrandit en profondeur, possède un étage de plus et la petite cour loge les bâtiments annexes : latrines, fournil (bâtiment pour cuire le pain), boucherie, étable ou boutique. De plus en plus fréquemment, les maisons sont accolées les unes aux autres, de sorte qu'on isole sa cour de celle du voisin par une clôture. Les caves, plus hautes et mieux éclairées, sont quelquefois voûtées. Cette surélévation du

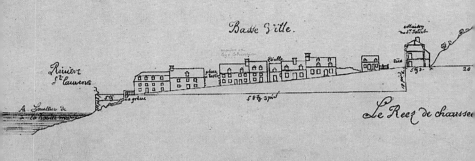

Au lendemain du désastre de 1682, les maisons qui sont reconstruites à Place-Royale sont généralement contiguës et munies de murs mitoyens coupe-feu.

Détail d'un dessin de S. de Villeneuve, Couppe sur la ligne A.B.C. marquée sur le plan de Québec, *1685. Musée de la civilisation, fonds d'archives du Séminaire de Québec, Z-6. Photo : Jacques Lessard.*

rez-de-chaussée ne va d'ailleurs pas sans problème. Dès 1683, les propriétaires qui construisent des escaliers en façade et en bordure des rues déjà trop étroites se font avertir que de tels empiètements sur la voie publique ne sont désormais plus tolérés. Même chose pour les perrons et galeries côté fleuve, qui nuisent à la circulation, particulièrement lorsque la marée est haute. Autre caractéristique des maisons de l'époque : certaines ont un comble brisé ou mansardé, ce qui a l'avantage d'offrir plus de surface habitable au grenier[2], tandis que d'autres ont un toit à deux versants. Le bardeau et la planche chevauchée sont les revêtements les plus courants. Il s'agit là de matériaux inflammables et interdits mais, faute de pouvoir s'approvisionner en tuiles et en ardoises, on les utilise... en se fiant à sa bonne étoile !

Le fer rouge sur la place publique

Pour conclure au sujet du feu de 1682, qui fut à la fois calamité destructrice et occasion de renouveau, mentionnons un fait divers relié à l'événement.

Au début des années 1680, la place du marché de Place-Royale est régulièrement utilisée pour l'application de la justice et l'affichage des ordonnances par l'huissier. C'est donc à cet endroit, et sous les yeux de la population, que sont exécutées les sentences publiques imposées aux voleurs, aux faux-monnayeurs et autres malfaiteurs. La démonstration a quelque chose d'exemplaire : à la vue du sort réservé aux personnes qui dérogent à la loi, la foule est invitée à réfléchir aux conséquences d'éventuels méfaits... Or, en ce mois d'octobre 1682, Jeanne Larrivé, fille de Jacques Larrivé dit Delisle, est reconnue coupable de vol nocturne pendant le feu de l'été précédent. Il est alors prévu que son châtiment n'échappe à personne et s'étende sur un circuit qui permette à tous de mesurer ce qu'il en coûte de vouloir tirer profit des flammes et du malheur des autres. En conséquence de son acte, Jeanne devra « estre battue de verges devant la porte de la dite prévosté. Et ensuite conduite à la basse ville pour y estre pareillement battüe de verges à tous les carrefours. Et à la grande place qui serait le dernier lieu Et auquel serait appliqué a l'espaule droite de la dite Larrivé un fer chaux avec une fleur de Lys[3]. » ❖

TERMINUS MARITIME pour toute marchandise qui arrive d'outre-Atlantique. Port d'embarquement pour les fourrures et le bois qu'on expédie en France. Vaste atelier de radoub et de construction de vaisseaux. Bureaux et boutiques. Place-Royale n'a jamais été aussi affairée ! Il n'y a pas si longtemps, des explorateurs avaient le sentiment d'avoir découvert un territoire gigantesque, sans limites. Or voilà que le site où tout prit naissance a maintenant peine à contenir tant d'activité !

Secteur urbain en contrebas du cap, Place-Royale ne s'est pas sitôt relevée du récent incendie que sa croissance se poursuit avec un afflux continuel de population nouvelle. Ce sont des gens qui, pour la plupart, s'intègrent à tout le va-et-vient marchand, portuaire et ouvrier de l'endroit. Qu'arrive-t-il alors ? Progressivement, les résidants de Place-Royale en viennent à se sentir à l'étroit sur leur petite bande de terre.

Grande nouveauté en 1688 : la place publique a désormais son église. Jusqu'alors, on ne pouvait assister aux offices qu'à la haute-ville et, en hiver, il arrivait souvent que l'ascension relève de l'expédition. Aussi se réjouit-on de pouvoir enfin aller à la messe près de chez soi.

Plan de l'église Notre-Dame-des-Victoires vers 1730. Centre des Archives d'Outre-Mer, France. Archives nationales du Canada, C-56096.

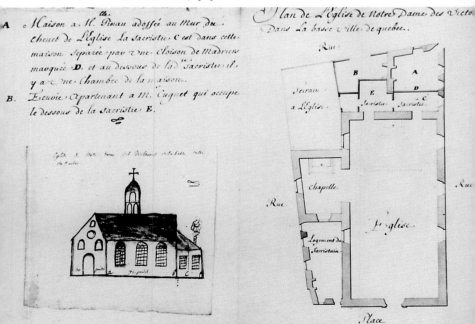

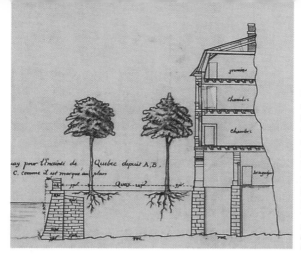

Pour pallier le manque d'espace à Place-Royale, à la fin du xviie siècle, on construit des habitations sur les berges du fleuve Saint-Laurent, que l'on remblaie au besoin.

Détail d'un dessin de S. de Villeneuve, Profil du Quay pour l'Enceinte de Québec, 1689.

Musée de la civilisation, fonds d'archives du Séminaire de Québec, Z-8. Photo : Pierre Soulard.

On empiète sur le lit du fleuve

Face à la demande de tous ceux et celles qui désirent à la fois résider à Place-Royale et y exercer leur métier, on augmente la surface d'habitation en ajoutant un étage supplémentaire aux maisons, en construisant des toits mansardés, et en réduisant ou en sacrifiant tout à fait les cours arrière.

Toujours dans le but de gagner du terrain, on accapare de plus en plus les berges dès la fin du xviie siècle. Pour ce faire, les déchets de construction, le fumier et autres immondices sont déversés dans le fleuve pour le remblayage des battures. Ainsi, du printemps jusqu'à l'automne, une fois par semaine, un éboueur est chargé de faire la collecte des ordures qu'il entasse dans son tombereau pour les mener sur la grève. Également mis à contribution, les charretiers et les graveetiers doivent, pour les mêmes fins et sous peine d'emprison-

Gaspard-Joseph Chaussegros de Lery, Plan de la Ville de Québec, 1722.

Musée de la civilisation, fonds d'archives du Séminaire de Québec, Z-19. Photo : Jacques Lessard.

PLAN DE LA VILLE
DE QUEBEC.

nement s'ils y contreviennent, porter les décombres des bâtiments en des endroits désignés. C'est ainsi que l'on parvient à obtenir plus de surface en vue de bâtir d'imposantes résidences rue Saint-Pierre. On réussit également à dresser l'enceinte de la basse-ville et à en augmenter les installations défensives telles les différentes batteries destinées à repousser les attaques ennemies (les batteries Royale, Hazeur, Dauphine, Levasseur et Vaudreuil).

Le monde naval y gagne aussi et l'anse du Cul-de-Sac se développe. Depuis le début du siècle, c'est là que viennent mouiller les petites embarcations et que l'on construit des barques, des chaloupes et des canots. On y effectue également des travaux d'entretien sur de plus gros navires. Puis, entre 1746 et 1748, un chantier de construction navale investit les lieux avec ses infrastructures, soit les quais, môles et berceaux, forge et autres installations érigées à même le fleuve. Pour les besoins de la nouvelle industrie, les maisons en bordure du havre sont expropriées et converties en ateliers. Parmi les bateaux mis en chantier au Cul-de-Sac autour des années 1750, mentionnons :

– L'*Orignal*, un vaisseau de 72 canons ; lors de
  son lancement, il s'échoue contre des rochers ;
– L'*Algonquin*, un vaisseau de 72 canons ;
– L'*Abénaquise*, une frégate de 30 canons ;
– Le *Québec*, une frégate de 30 canons
  qui ne sera toutefois jamais achevée.

Au chantier naval du Cul-de-Sac, on s'affaire à la construction de la frégate *Le Québec*. L'arrière du bâtiment fait face au fleuve en prévision de la mise à l'eau.

Richard Short, Détail de l'eau-forte Vue générale de Québec prise de la Pointe Lévy. *Illustration tirée de* Twelve Views of the Principal Buildings in Quebec. *Gravée par P. Canot, Londres, 1761.*

Musée de la civilisation, dépôt du Séminaire de Québec, 1993.15813. Photo : Pierre Soulard.

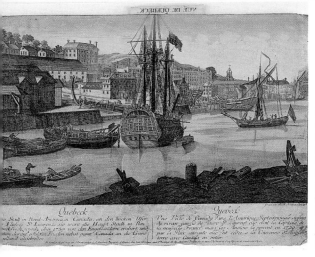

AUE DE QUEBECK

Quebeck

Quebec

Laissant libre cours à leur imagination et puisant à l'exotisme du Canada du XVIIIᵉ siècle, deux artistes bavarois ont reproduit une ville de Québec aussi charmante que méconnaissable.

Balthazar-Frederic Leizelt, Quebeck, *vers 1775.*
Eau-forte rehaussée à l'aquarelle.
Musée de la civilisation, dépôt du Séminaire de Québec, 1993.15352.
Photo : Jacques Lessard.

Les allées et venues des grands voiliers

Cent ans, cent cinquante ans après sa découverte, Place-Royale continue d'être particulièrement favorisée par son emplacement à ce point du fleuve. L'endroit attire un flot continu de navires en provenance de tous les ports français, que ce soit des Antilles, de Louisbourg, de Terre-Neuve ou de différents points de la Nouvelle-France. Les bateaux de fort tonnage en provenance de l'Atlantique ne pouvant remonter sans heurt en amont du fleuve, le port de Québec s'impose comme le terminus maritime des activités civiles, commerciales et militaires de la Nouvelle-France. C'est donc dire que toute personne, marchandise ou missive qui entre dans la colonie, ou en sort, doit transiter par ce port, le plus important du Canada et l'un des plus actifs de toute l'Amérique du Nord.

La trop courte période de navigation s'étend de mai à novembre. Or en France, les bateaux, avec leurs cargaisons ou leur équipage, ne sont pas nécessairement fin prêts en avril pour entreprendre la traversée. La levée de l'ancre est souvent remise à juin ou à juillet, ce qui les mène à Québec en août ou en septembre. À destination, il faut décharger le bateau, procéder à quelques réparations dans la baie du Cul-de-Sac, embarquer une nouvelle cargaison et rentrer en France au plus tard à la Sainte-Catherine, c'est-à-dire le 25 novembre, pour ne pas rester prisonnier des glaces.

Afin de faciliter la navigation et les différentes manœuvres qui s'effectuent dans le port, il est interdit d'encombrer la rade en jetant ordures et pierres sur les grèves et dans la baie du Cul-de-Sac. Les capitaines de navires, pour leur part, ont ordre de ne pas décharger leur lest dans le fleuve, en face de la ville. Ainsi doté de règles de conduite qui concourent à un trafic maritime efficace, le port accueille durant

Artisans maritimes. Illustration tirée de
Sieur de la Croix, Nouvele Metode
pour apprendre la géographie uni-
versele, enrichi de cartes, armoiries,
figures des Nations & de plusieurs
tables cronologiques..., Lyon, chez
Anisson & Bosuel, 1705, p. 433.
Collections de l'Université Laval
(Centre muséographique).

la belle saison un défilé de grands voiliers, parfois plus d'une vingtaine en même temps, comme en 1725. Sur la grève, une foule de
curieux assiste invariablement aux manœuvres d'installation et
d'ancrage.

Dans les 24 heures qui suivent l'arrivée d'un navire, son capitaine
est tenu de se présenter au Bureau du Domaine de l'Occident pour
y déclarer le contenu du chargement, préciser les marchandises

En consultant La Gazette de Québec, le lecteur désireux d'entreprendre la traversée
vers l'Europe est tenu au courant des prochains départs. Pour prendre arrangement, on lui indique la personne à contacter, négociant de la ville ou comman-
dant du navire.
Illustration tirée de La Gazette de Québec, 6 septembre 1764.
Musée de la civilisation, bibliothèque du Séminaire de Québec, fonds ancien. Photo : Jacques Lessard.

ADVERTISEMENTS.
Le PUBLIC *est* AVERTI,

QUE le brigantin le St. Louis, du port d'environ
150 tonneaux, Capitaine *Gilbert,* recevra des paffagers pour *France:* Ceux qui voudront s'y embarquer
n'auront qu'à s'adreffer à Meffieurs BAYNE & BRYMER,
Negocians, de cette ville, qui s'arrangeront avec les dits
paffagers pour le lieu de la deftination du batiment.
2

MARDER, GOLD-SMITH and JEWELLER from *London,*

HAS to fell, at his Shop in the Market-Place, Lower-Town, Quebec,
all Sorts of Gold-Smiths and Jewellers Goods of the neweft Fafhions :
All Sorts of old Gold and Silver taken in Exchange ; likewife mends all Sorts
of Gold-Smiths and Jewellers Work, in the neateft Manner, and on Reafo-
nable Terms.

For BARCELONA,
The Ship MARY, *Thomas Roland* Commander,
WILL fail in Six or Seven Days : Any Perfons who may want to go

soumises à des droits d'entrée et identifier les commerçants qui attendent livraison. Ces formalités remplies, le déchargement s'effectue pendant plusieurs jours sous l'œil attentif des inspecteurs de l'administration. Des chaloupes de bord et de petites barques appelées «gabares» partent de la grève et joignent la rade et les navires pour prendre à leur bord des caisses, des tonneaux et des ballots portant la marque du destinataire et un numéro. Les marchandises sont ainsi conduites sur la terre ferme sous la surveillance de l'inspecteur des douanes. Au cours de l'opération, le fonctionnaire rédige un rapport de déchargement.

Une fois vérifiées, les marchandises sont remises à leurs propriétaires, qui les confient ensuite à des charretiers qui, à leur tour, les acheminent aux clients. Interviennent alors différentes réglementations destinées à favoriser l'approvisionnement de la capitale, qui est desservie avant Montréal et les autres centres. Par la suite, les nouveaux produits prennent place dans les boutiques, notamment celles de Place-Royale où, dit-on, tout est souvent bien plus cher que ce qu'il en coûte en France pour les mêmes articles. Évidemment, les frais de la traversée, les fluctuations de la monnaie et le crédit débité au marchand contribuent à alourdir la note.

Maquette illustrant le transport des marchandises depuis la berge du fleuve.
Michel Bergeron, Matériaux mixtes, 1995.
Photo : Pierre Soulard.

À la fin du Régime français et de l'autre côté de l'océan, le commerce entre le Canada et la mère patrie s'effectue souvent à partir du port de Bordeaux.

Attribué à Claude Joseph Vernet, Port de Bordeaux, vers 1750. Huile sur toile.

Musée de la civilisation, dépôt du Séminaire de Québec, 1991.463. Photo : René Bouchard.

La France toute-puissante orchestre le commerce de Place-Royale

L'importation devient vite le moteur des activités commerciales de Place-Royale. Les marchandises viennent de France et de possessions françaises, comme les Antilles, ou encore d'autres pays d'Europe et d'Asie. Lorsque les envois ne sont pas d'origine française, ils sont quand même contrôlés par la mère patrie qui régente tout ce qui entre dans la colonie (à l'exception, évidemment, de ce qui y parvient en fraude). La population de Québec demeure donc totalement dépendante du réseau d'approvisionnement mis en place par la métropole et ses marchands. Ceux-ci fournissent en exclusivité à la petite communauté tout ce qu'il lui faut pour se nourrir, se vêtir, s'outiller, se loger ou se divertir.

La politique de Paris s'applique également à l'exportation, qui se limite obligatoirement aux matières premières telles que le blé, le bois, le poisson et, surtout, les fourrures (70 % des exportations en 1739, de 20 000 à 22 000 peaux expédiées annuellement, des revenus annuels d'environ 400 000 livres). Ces marchandises sont dirigées vers la France ou une de ses colonies pour y être manufacturées. Tout commerce avec les pays étrangers est strictement interdit, de même que toute fabrication de produits finis à partir des ressources locales. Animés d'un mercantilisme sans compromis, les dirigeants français ne tolèrent aucune forme de concurrence de la part de leurs colonies, lesquelles n'ont d'autre choix que de se mettre au service de l'empire et de participer à son enrichissement.

Cette politique radicale est maintenue jusqu'en 1725, année où les directives s'assouplissent en raison d'un contexte bien précis, soit l'affaiblissement du marché de la fourrure[1]. Du même coup, les gains financiers qui s'y rattachent diminuent et les colons ont du mal à payer les biens qu'ils importent. Pour cette raison, la France permet alors l'exportation de certains dérivés de la pêche, de la forêt et de l'agriculture : planches, madriers pour border les navires, farine, biscuits, tabac, saumon, morue, bœuf, pois. On en profite aussi pour exporter des barils d'huile de poisson, de phoque et de loup-marin.

À Place-Royale, les échanges commerciaux entre les Antilles et le Canada suscitent toute une industrie de fabrication des tonneaux de bois employés pour le transport maritime. Ce marché devient d'ailleurs florissant pour certains artisans qui tiennent boutique près du fleuve : de 2 000 tonneaux produits en 1728, on passe à 53 000 dix ans plus tard.

Francis Back, *Le Mayflower. Gouache, encre et crayon*, 1993. Photo : Michel Sillion.

Plus d'un navigateur a appris à ses dépens que le Saint-Laurent
est un fleuve au long cours périlleux.

Coke Smyth, Québec. Lithographie rehaussée à l'aquarelle.
Illustration tirée de Sketches in the Canada, Londres, Thomas McLean, s. d., planche 5.
Musée de la civilisation, dépôt du Séminaire de Québec, 1993.21100.8. Photo : Pierre Soulard.

Les affaires de Place-Royale se font également dans le cadre du
commerce intercolonial avec Terre-Neuve, l'Acadie et les Antilles. À
Terre-Neuve et en Acadie, on envoie surtout des vivres comme de la
farine et des biscuits. La cargaison pour les Antilles comporte différentes denrées, mais surtout du bois, parce que ces îles en sont
dépourvues. La rareté du bois y est telle que les bateaux partant de
Place-Royale vers les Antilles doivent être chargés des tonneaux qui,
au retour, serviront au transport des marchandises qu'on importe,
c'est-à-dire le sucre, le rhum, la mélasse, les sirops, le café, le riz et
l'huile d'olive.

Les conditions de navigation ne facilitent toutefois pas les échanges
avec les contrées éloignées. Le fleuve est un couloir comportant de
nombreux pièges et dangers qui, alliés aux caprices du climat, pro-
voquent de fréquents naufrages. À cela s'ajoute le risque de pillage
des vaisseaux, par les ennemis en temps de guerre et par les pirates
en tout temps. Enfin, la saison de navigation dure six mois, pas un
de plus. En dehors de cette période plus clémente, les glaces et les
tempêtes sont de redoutables adversaires. Mieux vaut ne pas prendre
de risques…

Les commerçants : catégories, rivalités et confréries

Place marchande, cité commerçante, Place-Royale se démarque certes du reste de la ville par la nature de ses activités. Mais au milieu de l'agitation des boutiques, des ateliers, du port et des marchés en plein air, il n'y a pas qu'un seul type de commerçants. Il y en a plusieurs, et on les différencie selon leur provenance, l'endroit où ils vivent, leur façon de travailler, leur volume d'affaires et même l'honnêteté de leurs intentions !

Tout d'abord, le marchand « domicilié » est celui qui réside en Nouvelle-France et qui y possède sa propre boutique. Par opposition, le marchand « forain[2] » n'est établi dans la colonie que pour quelques années. Dans la vie courante, les « domiciliés » n'apprécient guère les « forains » puisque ces derniers contrôlent, du moins pendant une vingtaine d'années, le commerce de gros et de détail. Ils vendent en effet au même prix au public et aux marchands. De nombreux règlements sont mis en vigueur pour tenter d'enrayer cette forme de concurrence jugée déloyale par les marchands domiciliés. Sans grand succès... En 1728, des domiciliés qui s'estiment lésés se regroupent pour exposer à l'intendant François de Beauharnois les effets néfastes des privilèges consentis aux forains.

Dessin contemporain dans lequel l'artiste imagine les activités domestiques et commerciales dans la maison Barbel, à l'époque du Régime français. Les voûtes de la maison servaient à l'entreposage.
Jean-Marc Sanchez, La maison Barbel. Illustration tirée de Barry Lane, Ce jour-là en Nouvelle-France, Québec, Cap-aux-Diamants, 1989. Les visites culturelles Baillargé inc. et Les Éditions Cap-aux-Diamants inc.

Les commerçants cachettent les ballots de marchandises à l'aide de sceaux en plomb marqués à leur nom. Ici, les marchands sont de Montauban et de Lyon, deux grands centres français de production textile.

Sceau de marchandise.

Ministère de la Culture et des Communications, CeEt-9-13A5-1092. Photo : Jacques Lessard.

Ce groupe, formé des marchands Perthuis, Riverin, Fornel, De La Gorgendière, Beaudoin et de la veuve Cheron, exprime ainsi ses doléances :

Il est venu cette année plus de marchandises de France qu'il n'en était venu depuis très longtemps tant par les Marchands forains que par les Domiciliez qui ne pouvant prévoir ce que les forains apportent ont fait venir de France les marchandises qu'ils sont accoutumés de faire venir pour la Consommation ordinaire du pays. Ces marchandises sont encore invendues pour la plus grande partie et des Domiciliez ne peuvent plus compter et faire aucun retour en France pour cette année[3].

Troisième catégorie : le marchand « représentant ». Celui-ci s'installe au pays, mais il opère au nom de marchands français. Il a sur son collègue forain l'avantage de pouvoir s'insérer dans le commerce des fourrures avec les Amérindiens. Pour comprendre la façon dont fonctionnent les marchands représentants, voyons comment travaillent François Havy et Jean Lefebvre, installés dès 1732 à Place-Royale, rue Saint-Pierre, en tant que représentants d'intérêts commerciaux métropolitains. Le processus s'amorce en France, alors qu'une compagnie de Rouen envoie à Québec des marchandises de traite ; une fois arrivés au port, ces articles parviennent à Havy et Lefebvre qui vérifient les colis et les expédient à Montréal à leur correspondant sur place. Cet autre partenaire a pour tâche de vendre les marchandises de traite à des coureurs de bois, eux-mêmes chargés de les échanger contre des fourrures qui reviendront ensuite au port de Québec pour être acheminées en France.

De tous les professionnels du métier, ce sont les grossistes qui sont les plus riches et les plus puissants. Ils sont présents sur tous les fronts. Tantôt, ils affrètent des navires, commandent des cargaisons, interviennent à l'échelle du commerce intercolonial ; parallèlement, ils siègent au Conseil souverain, exploitent des pêcheries dans le Bas-Saint-Laurent et prennent même part à la création de compagnies, comme celle de la Colonie ou celle du Nord, toutes deux établies à Place-Royale.

Sceau de marchandise.

Ministère de la Culture et des Communications, 1QU-2277-1H4-41. Photo : Jacques Lessard.

Alors qu'à Place-Royale, on a tendance à confondre les statuts de commerçant et de négociant, la France établit de nettes différences. Ainsi prévoit-elle que, pour agir à titre de négociant, il faut non seulement disposer d'une fortune personnelle mais pouvoir également compter sur les capitaux de la famille en cas de besoin. De plus, le négociant doit exercer ses activités commerçantes en dehors du territoire français.

Illustration tirée de Jacques Savary, Le Parfait négociant, Paris, chez veuve Estienne & Fils, 1645. Page frontispice.

Musée de la civilisation, bibliothèque du Séminaire de Québec, fonds ancien. Photo : Jacques Lessard.

Commerçants sans l'être vraiment, les capitaines de navires s'improvisent parfois vendeurs lorsqu'ils troquent leurs marchandises contre une cargaison de retour. De même, l'État français tient boutique à Place-Royale et livre une dure compétition aux marchands locaux en offrant des marchandises de traite, des vivres, des munitions et de l'armement, des vêtements, des textiles, des outils, des produits fins et d'autres articles destinés aux soldats de l'armée royale.

Enfin, peut-on parler d'achat, de vente et d'échange, sans évoquer la face cachée de l'univers du négoce, c'est-à-dire tout le trafic clandestin ? Commercer avec d'autres pays que la mère patrie et ses possessions constitue une illégalité. Même chose pour la vente de peaux de castor par des particuliers. Mais, sur un territoire aussi immense, un contrôle efficace des hors-la-loi s'avère impossible. Ceux-ci sont donc légion, et ils vendent même des fourrures aux Anglais. Ces commerçants qui agissent en fraude sont des soldats, des commandants de garnison et même des hommes d'affaires bien en vue, comme ce réputé commerçant Charles Aubert de La Chesnaye. Dans cette activité clandestine, les Amérindiens jouent le rôle d'indispensables entremetteurs. Ce trafic se maintient durant tout le Régime français, en dépit d'une succession d'édits et d'ordonnances émis par des autorités visiblement impuissantes à enrayer cette autre manière de faire de l'argent...

Les commerçants ressentent tôt ou tard le besoin de s'associer pour la défense de leurs droits. En 1717, un syndic des marchands de Québec et de Montréal est créé. Autour de la table, lors des fréquentes réunions, Place-Royale y a évidemment une forte délégation.

Le brouhaha des mardis et vendredis, jours de marché

Deux fois par semaine, le marché public se tient à Place-Royale. C'est là que sont vendus les produits frais : légumes et fruits, en saison, beurre, œufs, grains, volaille, gibier, viande de veau et de bœuf, poisson et anguille. L'hiver, l'habitant apporte la viande qu'il a fait geler.

Les jours de marché sont des périodes de grande activité. Tôt le matin, ceux qu'on appelle les « gens des côtes » arrivent par le fleuve et accostent leurs barques à la place de Débarquement, d'où ils transportent leurs produits jusqu'à la place du marché. Là, au milieu du brouhaha, le ton monte entre les vendeurs en quête des meilleurs emplacements, tandis que les clients se pressent pour obtenir les meilleurs aliments au meilleur prix !

Pour tenter de maintenir un certain ordre dans cette cohue, les autorités réglementent la tenue du marché. Il est par exemple défendu de faire étalage de ses produits devant la porte de l'église ou de troubler la messe. On ne permet pas davantage de faire du porte à porte pour offrir des marchandises. Il est également interdit de vendre du

En hiver, des traîneaux plutôt rudimentaires servent à transporter les animaux mis en vente au marché qui fait face à l'église Notre-Dame-des-Victoires.
James Pattison Cockburn (1779-1847), Le marché de la basse-ville, 1830. Aquarelle.
Royal Ontario Museum, 951.205.3.

Au cours des années 1990, Place-Royale s'est prêtée à différentes reconstitutions historiques. *Scène de marché pour la série* Les minutes du patrimoine.
Ministère du Patrimoine canadien (1994). Photo : Claudel Huot.

poisson devant les maisons privées. Enfin, nul n'est autorisé à tenir boutique dans son canot ou sur la grève... excepté pour y vendre de l'anguille !

Un revenant : le feu

La crainte de l'incendie n'est pas vraiment évacuée des préoccupations depuis la tragédie de 1682. À Place-Royale, dans les années 1720, cette éventualité est d'autant plus plausible que Montréal vient d'être la proie des flammes. Tant et si bien qu'en 1727, l'intendant Claude Thomas Dupuy instaure de nouvelles mesures de prévention contre le feu qui font l'objet d'un véritable code du bâtiment. Ces

Scène de marché pour la série Les minutes du patrimoine.
Ministère du Patrimoine canadien (1994). Photo : Claudel Huot.

Durement touchée par le feu à plusieurs reprises, Place-Royale emploie différents moyens pour se prémunir contre de nouvelles catastrophes. À titre d'exemple, on a recours à des murs mitoyens qui excèdent les toitures de façon à empêcher la propagation d'un éventuel incendie. *Photo : Claudel Huot (1995).*

normes d'architecture, dictées par une crainte bien justifiée, vont favoriser l'émergence d'un mode de construction urbaine particulier. À cet égard, les structures de bois, longtemps tolérées, vont disparaître progressivement au profit de la pierre ; les dernières constructions en bois seront obligatoirement crépies. Les toits mansardés seront désormais interdits. Les charpentes de toit devront être allégées. On recommande que les caves et celliers soient voûtés, car ils fournissent une autre forme de protection contre les flammes.

À Place-Royale, vers 1750, la majorité des maisons présentent une surface habitable variant entre 300 m^2 et 600 m^2 ; elles ont deux étages ou plus et comportent de cinq à neuf pièces ; les toitures sont souvent faites de planches ou de bardeaux, malgré l'interdiction. Le fer-blanc fait son apparition. Autre caractéristique, la pierre a largement remplacé le bois comme matériau de base, que ce soit pour les murs, les parements extérieurs ou intérieurs, les voûtes, les encadrements d'ouverture, les cheminées, etc. À l'extérieur, les murs sont habituellement crépis de façon grossière tandis qu'à l'intérieur, ils sont enduits plus finement. La brique est peu employée à Place-Royale.

Cave voûtée de la maison Leber à Place-Royale.
Musée de la civilisation, dépôt des archives nationales du Québec, fonds Place-Royale.

Quant au bois, chacune de ses essences a ses qualités propres et l'artisan en connaît les usages spécifiques pour la maison :
– le cèdre, pour les parties exposées aux intempéries, notamment les poutres et le châssis de porte de cave ;
– le merisier, pour les galeries et les escaliers ;
– l'épinette, pour la charpente, la toiture et la structure du plancher ;
– le pin, pour les planchers, la charpente, les portes et les armoires ;
– le frêne, pour les poutres de plafond et les châssis des fenêtres ;
– le noyer, pour les armoires et portes de calibre supérieur.

Au milieu du XVIIIe siècle, la pierre des maisons de Place-Royale provient de Beauport ou de Pointe-aux-Trembles et le grès, de L'Ange-Gardien. La pierre noire du cap, un schiste calcaire, est plutôt utilisée pour les fondations et le colombage.
Maisons de Place-Royale. Photo : Claudel Huot (1992).

Rue Notre-Dame, les maisons possèdent un escalier qui donne accès à la côte de la Montagne. D'autres habitations, notamment en bordure de la rue du Cul-de-Sac, s'ajustent au dénivellement du terrain et possèdent un ou deux étages de plus. Parmi un ensemble de constructions relativement homogènes apparaissent des bâtiments plus imposants, comme l'hôtel particulier de Guillaume Estèbe, vaste demeure de pierre de deux étages avec cave surhaussée, murs mitoyens en coupe-feu, cheminées et toit à deux versants.

Qu'ils habitent l'une ou l'autre des rues du quartier, plusieurs résidants disposent maintenant d'un système d'égout muni d'un réseau collecteur qui se déverse dans le fleuve. Voilà qui est devenu indispensable, compte tenu de l'importance qu'a prise, au fil du temps, la petite colonie des débuts. De fait, en 1759, le portrait de

Par la qualité des vestiges qu'on en a conservés, la maison Estèbe, construite en 1750, demeure à plusieurs points de vue un modèle de recherche architecturale adaptée à une vision urbaine de la Nouvelle-France. Aujourd'hui, cette maison est intégrée au bâtiment du Musée de la civilisation.

Maison Estèbe. Photo : Pierre Soulard.

Place-Royale est le suivant : une population d'environ 500 personnes, quelque 101 bâtiments, dont 95 résidences privées, une brasserie, un entrepôt, un magasin, une église, une école et un couvent. Au milieu du XVIIIe siècle, l'expansion est toutefois interrompue, faute d'espace. Différents écrits de l'époque dépeignent Place-Royale soit comme un havre au charme étonnant dans ce pays neuf ou, tout autrement, comme un réseau de rues malpropres où l'on patauge dans la boue durant la fonte des neiges et où le dégel occasionne parfois l'inondation des caves.

Certaines maisons de Place-Royale donnant une vue sur l'eau sont munies de galeries qui permettent l'observation du Saint-Laurent et des bateaux. Le spectacle est unique durant les beaux jours de l'été. Mais c'est malheureusement du fleuve que surgiront aussi les navires ennemis qui provoqueront la fin de la Nouvelle-France. Déterminée à remporter la victoire, la marine anglaise bombardera Québec sans relâche. Du même coup, elle ramènera un revenant sur les lieux : le feu. ❖

Faire la tournée des commerces de Place-Royale en 1720

Chez le marchand d'alimentation, nous retrouvons :
- des denrées de base : farine, huile d'olive, fromage de Gruyère ou de Hollande ;
- des produits secs : fèves, riz, thé, café, chocolat ;
- des produits fumés ou salés : bœuf, lard, morue ;
- des produits fins : anchois, olives, câpres, friandises, figues, fruits à l'eau-de-vie, oranges, poires, raisins, dragées ;
- des produits antillais : sucre fin, mélasse, cassonade ;
- des boissons alcoolisées : vin rouge et eaux-de-vie (en gros seulement), liqueurs, sherry, rhum ;
- des condiments et des épices : sel, poivre, cannelle, clous de girofle, muscade.

Le boulanger est tenu de vendre du pain blanc et du pain bis (brun) dont le prix et le poids sont fixés par ordonnance. Si, d'aventure, le pain vient à manquer sur les tablettes, le boulanger peut être soumis à une amende de 10 livres.

Dans une autre boutique, les accessoires de cuisine en vente sont fabriqués de terre cuite, cuivre, fer, étain, faïence, argent, verre, porcelaine européenne ou chinoise (plus rarement), grès salin.

Un secteur majeur du commerce à Place-Royale est celui des vêtements : justaucorps (très répandus sous le Régime français), chemises, camisoles et gilets, coiffes et châles ; capes, mantelets, écharpes, gants et mitaines, le tout confectionné à base de laine ; souliers français, bottes, sabots, pantoufles et escarpins ; perruques, bijoux, parures, etc.

Dans les magasins de Place-Royale, on trouve aussi bien des marchandises d'usage courant, que des des produits sophistiqués réservés aux nantis.

Bouteille à vin française.

Ministère de la Culture et des Communications, 1QU-2154b-IL2-629. Photo : Jacques Lessard.

Nous retrouvons aussi plus de soixante-dix variétés de tissus : coton, toiles de coton et de lin, cadis (étoffe de laine), étamine, calmande, serge, satin et, d'usage exceptionnel, velours. Le magasin vend aussi diverses garnitures et des accessoires de couture.

En ce qui a trait à l'ameublement et aux objets de la maison, on s'y procure facilement :
- des couvertures (mais la literie est rare) ;
- tout ce qui sert à éclairer et décorer la maison, c'est-à-dire chandelles, chandeliers, mouchettes (ciseaux à chandelles), anneaux de métal pour les rideaux, cadres, miroirs, tapisseries, tapis, vases décoratifs ;

les produits pour le chauffage et l'entretien de la maison tels que chenets, bassinoires, balais, cuves ;
- mais non les matelas, oreillers et objets du genre, que les artisans vendent directement sans l'intermédiaire de commerçants.

Couvercle de boîte à poudre en faïence de fabrication française.
Ministère de la Culture et des Communications, 1QU-2154b-IL-27.
Photo: Jacques Lessard.

Les outils, très utilisés dans la vie quotidienne, se vendent dans les magasins : faux, pelles, pioches, scies et lames de scies, haches, coins, mèches, vilebrequins, limes, grattoirs, tire-bondes (à l'usage du tonnelier pour percer les tonneaux), etc.

Des produits de soins et d'hygiène personnelle sont également disponibles : savon, poudre, fard, parfum, mouchoirs et peignes.

Pour l'écriture, le culte et les loisirs, les marchands de Place-Royale gardent notamment en stock :
- écritoires, plumes, papiers (en plusieurs variétés) ;
- statues religieuses, chapelets et images pieuses ;
- cartes à jouer, dés, instruments de musique ;
- tabac.

C'est chez le cabaretier que peut être acheté le vin au détail.

La tournée des boutiques de Place-Royale permet de constater la quasi-absence des articles suivants :
- les pelleteries ; ici, à la différence de Montréal qui domine le marché depuis la fin du XVIIe siècle, les magasins vendent peu de fourrures et de marchandises de traite.
- les métaux comme le fer, le plomb en barre, la tôle en feuille, le cuivre, l'étain, le plomb et l'acier ; ces marchandises sont destinées à la clientèle des artisans et ceux-ci les commandent directement au fabricant, sans intermédiaire.
- les objets associés au transport maritime, que ce soit pour le grément ou la navigation (on trouve néanmoins les toiles à voile dans les boutiques) ; leur vente se fait directement entre armateurs et propriétaires de barques et de navires. ❖

Payer en livres, en monnaie de carte ou en peaux de lynx ?

N° 4   Plate XVI

Drawn from Nature by J.J Audubon FRS.FLS   Printed by Nagel & Weingaertner N.Y

Canada Lynx.
Male

[...] en 1725, le navire le Fier arrive à Québec. Près du tiers de sa cargaison est vendue à madame Soumande, veuve d'un important marchand de Québec. En retour de 200 minots de sel, 50 barriques de vin et 362.5 veltes de brandy, évalués à 6987 livres 10 sols, elle échange 23 paquets de peaux de cerfs et d'orignaux, deux ballots de peaux de lynx et d'ours évalués ensemble à 5537 livres 10 sols. La différence est comblée par une lettre de change et 753 livres comptant.

Régis Jean et André Proulx, *Le commerce à Place-Royale sous le Régime français*, Québec, Publications du Québec, coll. « Patrimoines », n° 94, 1995, p. 270.

Le lynx. Illustration tirée de John James Audubon, The Quadrupeds of North America, New York, G.R. Lockwood (1849), vol. 1, p. 137.

Musée de la civilisation, bibliothèque du Séminaire de Québec, fonds ancien. Photo : Jacques Lessard.

Au début, le commerce avec les Amérindiens s'établit sur des bases d'échanges et de réciprocité, soit des fourrures contre des objets européens. Puis, on eut recours à un système de denrées monnaies : les peaux d'orignaux, le castor et le blé furent utilisés à ce titre. Toutefois, dans une société en phase d'organisation, il devint vite impérieux de posséder une monnaie stable pour permettre le bon fonctionnement du commerce.

Au XVIIIe siècle, le peu de monnaie ayant cours légal qui circule dans la colonie provient de la solde des troupes ainsi que des gages des fonctionnaires et des artisans. Cet argent est canalisé chez les marchands en paiement de ce qu'on leur achète, et ces derniers le retournent en France pour acquitter la facture

Parmi les monnaies datant du Régime français trouvées à Place-Royale, on a pu identifier 18 pièces françaises, cinq pièces anglaises et une pièce espagnole.

Monnaie française de 1593 frappée au nom de Charles X de Bourbon.
Ministère de la Culture et des Communications, 1QU-2141-AIII-74. Photo : Jacques Lessard.

des biens importés. Dès lors, comment attirer et maintenir les espèces sonnantes en Nouvelle-France ? En attendant une solution, il arrive qu'on doive s'en remettre à la monnaie de carte. Il s'agit ici de cartes à jouer où chacune se voit attribuer une valeur par l'intendant qui y appose sa signature ; ces cartes sont rachetées aux porteurs aussitôt que des fonds royaux sont versés, du moins lorsqu'ils sont disponibles. Dans le cas contraire, il s'ensuit tout un cafouillage économique !

Monnaie espagnole de 1736 frappée au nom de Philippe V.
Ministère de la Culture et des Communications, 134QU-3A5-65. Photo : Jacques Lessard.

L'absence de monnaie stable entraîne des problèmes réels pour le particulier qui ne peut se procurer les biens dont il a besoin. Mais au-delà du commerce intérieur, l'importation devient aussi, dans ces conditions, un casse-tête pour les commerçants. Faute d'argent, les peaux et pelleteries continuent d'être, dans bien des cas, l'écu de la Nouvelle-France. ❖

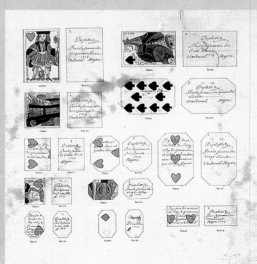

Attribué à Henri Beau (1863-1949), La monnaie de carte utilisée en Nouvelle-France en 1714. Aquarelle et encre de Chine.

Archives nationales du Canada, C-17059.

Entrer dans une maison d'artisan en 1730

Chez Gabriel Davaine, Joseph Brodier, Étienne Thibierge,
Pierre-Normand Labrière ou Michel Cadet

À la fin du XVIIe siècle, l'accroissement de la population de Québec entraîne une diversité dans la demande de biens de toutes sortes. Ce phénomène favorise l'établissement à Place-Royale d'artisans œuvrant dans différents domaines : cordonnier, menuisier, tonnelier, taillandier, boucher et autres. Qu'ils demeurent rue Sous-le-Fort, rue du Cul-de-Sac ou rue Saint-Pierre, ces artisans ont tous en commun de vivre dans de petites maisons à deux étages, généralement en colombage pierroté, ou moitié pierre, moitié colombage, comportant en moyenne quatre pièces.

La cuisine, avec son âtre, sert autant à la ménagère qui y apprête les repas qu'à l'artisan qui y exécute divers travaux. À l'occasion, on y aménage même la boutique. À côté de la huche à pain et des ustensiles de cuisine, on range souvent tenailles, marteau, fusil, rabot ou hache.

Le repas est servi dans la chambre-salle qui contient, entre autres choses et en plus du lit, un poêle, une table, des chaises et une armoire de rangement. L'éclairage est assuré par des chandeliers de cuivre et des becs-de-corbeau.

Certains artisans installent leur atelier dans une des pièces de la maison. Les chambres restantes sont soit occupées par les enfants, soit utilisées comme entrepôt, ou les deux à la fois ! Témoin d'un tel arrangement, Marie-Joseph, fille du tonnelier Thibierge, partage sa chambre sous les combles avec onze quarts de farine et deux fusils de chasse appartenant à son père. Il arrive également qu'une chambre serve à loger un engagé ou un apprenti. Le locataire peut aussi être un soldat puisque, sous le Régime français, certaines familles se voient forcées de les héberger moyennant quoi le militaire coupe le bois de chauffage et voiture son hôte.

À l'intérieur des pièces, il n'y a ni raffinement ni superflu. Le plus souvent, les ustensiles sont en fer, la vaisselle est en étain commun ou en grès grossier, et on qualifie le tout de « vieux et méchant »... Même chose pour les vêtements : ces gens dépensent peu pour se vêtir. Lors du décès du cordonnier Davaine, sa veuve déclare au notaire qu'« elle n'a rien pris pour ses habillements de deuil et cependant qu'elle est en nécessité de hardes pour quoy sur le premier denier qu'elle touchera, elle prendra de quoy s'habiller suivant son état et condition[1] ». ❖

---

1. AN, Colonies, C11 A, 50 : 77-78, *loc. cit.*

Être reçu dans la luxueuse résidence de Charles Guillemin en 1730

Tout au long de sa vie, Charles Guillemin a réalisé des affaires d'or en Nouvelle-France. Mais, alors qu'il vieillit, l'économie instable lui en fait voir de toutes les couleurs et le prestigieux marchand, qui a toujours vécu dans le luxe, meurt criblé de dettes. Quoi qu'il en soit, une visite chez lui nous permet d'entrer à l'intérieur d'un hôtel particulier, belle demeure de pierre de trois étages et de quinze pièces.

Si, dans bien des habitations de l'époque, la cuisine est une pièce à fonctions multiples (lieu pour préparer et prendre les repas, pour s'y tenir en famille, se détendre et même dormir), il ne saurait en être ainsi chez Guillemin où elle sert uniquement à apprêter la nourriture. L'âtre y a toujours sa place, mais un poêle sert à la cuisson des aliments.

Dans la cuisine de Charles Guillemin, nous découvrons :
- le mobilier : une table, des chaises, une huche et diverses armoires ;
- les ustensiles et accessoires utilisés pour la préparation des repas : terrines, jattes, saladiers, bassins, égouttoir, tous objets en faïence ou en terre vernie ;
- les récipients pour la cuisson des aliments : marmites en fer ;
- la vaisselle de service : plateaux, plats creux, burettes, carafes, cruches, pots à eau, ainsi que nombreuses pièces d'argenterie, de verre et de cristal ;
- la vaisselle de table : soucoupes, gobelets, tasses, verres à pied de même que des assiettes en étain, en faïence, en grès, en porcelaine, en verre et en cristal ;
- les contenants en verre ou en céramique pour l'entreposage des aliments et des boissons ;
- les objets réservés à un usage spécifique : moulin à café, cafetière, coquemar (bouilloire), bassinoire, boudinière, poissonnière, fontaine, etc.

Dans cette maison, l'âtre et le poêle de la cuisine ne sont pas les seules sources de chauffage, puisqu'on dispose de cheminées et de petits poêles en fer dans les chambres.

Les repas se prennent dans la salle à manger, meublée de tables, de chaises de bois ou garnies d'étoffe, de fauteuils, d'un bahut, d'armoires à battants ou encastrées, d'un buffet bas et de coffres. Le tout est fabriqué de bois de noyer, de chêne ou de merisier.

Moquettes, rideaux, tapisseries, miroirs sur cadre de bois, tableaux font montre d'un souci de la décoration chez les Guillemin.

Les autres chambres sont situées aux étages. Elles sont meublées avec la même recherche de confort et d'élégance. On compte également plusieurs cabinets : ce sont de petites pièces qui servent d'espaces de rangement ou de bureaux où l'on classe les documents de la famille, les réserves de monnaie, les livres, etc. À la nuit tombée, partout dans la maison, on s'éclaire avec des chandeliers et des becs-de-corbeau.

Les latrines et autres dépendances sont dans la cour. Charles Guillemin possède une écurie pour ses deux chevaux ainsi que ses calèche, charrette et tombereau[1]. ❖

---

1. AN, Colonies, C11 A, 50 : 77-78, *loc. cit.*

Qui était Guillaume Estèbe ?

Guillaume Estèbe arrive de France en 1730 et devient rapidement un commerçant prospère qui a pignon sur rue à Place-Royale, aux commandes du Magasin du Roy. Il s'affirme également dans différentes sphères du pouvoir local, ce qui le conduit finalement à utiliser son réseau d'influences pour détourner des fonds publics.

Lorsqu'on découvre sa façon peu recommandable de faire fortune, Estèbe est contraint de rentrer en France pour y être jugé et condamné. Emprisonné à la Bastille en 1761, il est remis en liberté deux ans plus tard moyennant le paiement d'une amende de 36 000 livres. ❖

Qui se reconnaît des ancêtres à Place-Royale sous le Régime français?

Plaque commémorative sur la maison Gosselin, 21, rue Sous-le-Fort.
Photo : Jacques Lessard.

On dénombre 31 familles, soit le tiers de celles qui habitaient à Place-Royale, qui se sont enracinées au pays et dont les descendants portent encore aujourd'hui les noms. Ce sont les Allard, Amiot, Aubert, Boisseau, Chartier, Chennequy-Chinic, Chesnay, Cloutier, Couillard, Couture, Damours, Demers-Dumets, Denis, Derôme, Drouin, Fleury, Gagnon, Gosselin, Gravel, Guay, Guyon-Dion, Juchereau, Lessard, Létourneau, Miville, Paré, Prévost-Provost, Riverin, Taché, Thivierge et les Toupin-Dussault. Toutes ces familles ont habité l'une ou l'autre rue de Place-Royale et, dans quelques cas, leur maison porte encore aujourd'hui leur nom. D'autres hommes et femmes n'ont pas laissé de descendance en Nouvelle-France tout en marquant l'histoire du site. On songe, par exemple, aux Jolliet, Talon, Estèbe, Bourdon, Barbel et Chevalier.

Que tous ces gens y aient «fait souche» ou pas, ils ont très concrètement contribué à faire de Place-Royale un lieu d'enracinement et de remarquable mémoire historique[1]. ◈

1. Claude Paulette, *Place-Royale, les familles-souches*, Québec, Publications du Québec, 1988, 23 p.

La guerre : un territoire conquis par l'Angleterre (1759-1760)

Richard Short, Vue de l'Eglise Notre Dame de la Victoire ; batie en mémoire de la levée du Siège en 1695 et démolie en 1759 (détail). Illustration tirée de Twelve Views of the Principal Buildings in Quebec. Gravée par A. Bennoist, Londres, 1761.

Musée de la civilisation, dépôt du Séminaire de Québec, 1993.15825. Photo: Pierre Soulard.

ETTE FOIS, c'est la guerre qui embrase Place-Royale. Les bombes, les « pots à feu » des Anglais et un vent du nord-est découragent toute riposte de la part des habitants. Et lorsque les tirs cessent et que l'incendie s'éteint, le compte de ce qui reste est vite fait. De la rue du Sault-au-Matelot jusqu'au Cul-de-Sac, seules trois maisons éventrées sont encore debout.

Le 23 juin 1759, une nouvelle se répand à Québec et fait craindre le pire : une flotte anglaise est à quelques heures de la ville, impressionnante avancée constituée de 29 gros navires, dont quelques-uns à trois ponts, 12 frégates et corvettes, deux galiotes à bombes, 80 navires de transport et 50 petits bateaux ou goélettes. Maîtres partout en Amérique, sauf le long du Saint-Laurent, les Anglais ont décidé de venir à bout de Québec. Aussi la marine britannique se déploie-t-elle de façon massive, plus écrasante qu'elle ne l'a jamais été de ce côté-ci de l'Atlantique. Bientôt, c'est un mur redoutable qui se forme devant Québec.

On avait fait monter, à l'arrivée de la flotte ennemie, dans les Villes de Montréal et des Trois-Rivières, toutes les familles de distinction, marchandes et bourgeoises, en état de se soutenir par elles-mêmes, et par là débarasser la Ville de tout ce qui pourrait lui être à charge par le siège.

Une religieuse de l'Hôpital général[1]

Anonyme, Idée de la ville de Québec assiégée le 12 du mois de juillet 1759 et rendue le 18 septembre de la même année, *vers 1759.*

Manuscrit monté sur toile.

Musée de la civilisation, fonds d'archives du Séminaire de Québec, Y-15. Photo : Pierre Soulard.

Les boulets ramés, qui se déplacent en tournant sur eux-mêmes, font des ravages dans les voilures des navires ennemis. Ils sont lancés par des canons, de la même façon que les boulets ordinaires.

Boulet ramé en fonte.

Ministère de la Culture et des Communications, 133QU-1A7-631. Photo : Jacques Lessard.

Les bombardements commencent le 12 juillet.

> Tout le monde fut obligé de sortir de sa maison et de se réfugier sur le rempart du côté de la montagne ; et lorsque le jour fut venu, les portes furent ouvertes, et on vit les femmes et les enfants s'enfuir par bandes à la campagne.
>
> Un militaire français[2]

Dans les jours qui suivent, l'attaque frappe durement en haute-ville et atteint la cathédrale et son presbytère, l'église des Jésuites, le séminaire et plusieurs maisons. Par la suite, du 25 au 28 juillet, les Anglais font pleuvoir au moins 150 bombes sur la basse-ville. Dans la nuit du 8 août, ils y jettent également des « pots à feu », c'est-à-dire des boulets creux qu'on a remplis de poudre pour en faire des projectiles explosifs et qui mettent feu à la cible. L'incendie se propage alors à Place-Royale, nourri par un vent violent. Tout est dévasté, des voleurs pillent ce qui n'a pas brûlé, il y a des blessés et des morts.

Au total, plus de 40 000 boulets de canon et 10 000 bombes incendiaires tombent sur Québec entre le 12 juillet et le 13 septembre 1759. Finalement, la ville capitule au terme des affrontements sur les plaines d'Abraham. L'année suivante, c'est au tour de Montréal de déposer les armes. L'avenir tombe sous la coupe d'un autre empire et d'un autre chef d'État, le roi George III.

La menace d'un incendie rôde toujours

Les résidants de Place-Royale ont eu l'occasion d'apprendre que, lorsque l'incendie survient, on perd généralement tout ce que l'on possède, et ce, souvent en quelques heures. Or, qu'on soit maintenant sous une nouvelle domination européenne ne change rien au problème, et la menace du feu continue toujours d'exister dans la basse-ville de Québec, avec ses maisons étroites serrées les unes contre les autres et recouvertes de planches ou de bardeaux.

Quelques années après la mise en place du Régime anglais, soit en 1768, la crainte permanente des flammes incitera des marchands à se regrouper pour doter Place-Royale de deux pompes importées d'Angleterre. On fera aussi construire un réservoir d'eau douce.

Toujours pour les mêmes fins, de nouvelles ordonnances seront adoptées en continuité de celles du Régime français et interdiront :
– la paille dans les maisons ;
– les cendres sur les planchers de bois ;
– les fausses cheminées ;
– le stockage de poudre à fusil au-delà
   d'une certaine quantité (autour de 12 kg) ;
– le bardeau sur les toitures, sauf s'il est blanchi
   à la chaux, ce qui le rend ignifuge.

Les grenades et les bombes, contrairement aux boulets, sont des sphères creuses. Elles contiennent une charge explosive qu'on allume avec une fusée de bois avant de les lancer.

Grenade et boulet en fonte.

Ministère de la Culture et des Communications, 1QU-2153-T-5-1942, 133QU-1A3-613. Photo : Jacques Lessard.

A View of the Church of Notre-Dame de la Victoire; Built in commemoration of the raising the Siege in 1695, and destroyed in 1759.

Drawn on the SPOT by Rich.d Short

London Publish'd according to Act of Parliament Sep.t 1761.

La guerre vient de finir à Place-Royale et tout est à reconstruire. Ce dessin du site ravagé est l'œuvre de l'artiste Richard Short, un militaire anglais qui a laissé de nombreuses illustrations de la ville de Québec telle qu'il l'a connue au XVIIIe siècle.

Richard Short, Vue de l'Eglise Notre Dame de la Victoire ; batie en mémoire de la
levée du Siège en 1695 et démolie en 1759. *Illustration tirée de* Twelve Views of the Principal
Buildings in Quebec. *Gravée par A. Bennoist, Londres, 1761.*

Musée de la civilisation, dépôt du Séminaire de Québec, 1993.15825. Photo : Pierre Soulard.

De plus, le cas échéant, tout citoyen sera tenu de participer aux manœuvres de lutte à l'incendie en répondant d'abord à l'alerte, en respectant les consignes données et en apportant l'aide requise au moyen de seaux, pioches, pelles, haches et sacs de sable ; le contrevenant sera passible d'une amende.

Avec toutes ces mesures de protection, Place-Royale réussira-t-elle à se mettre à l'abri du feu ? Il semble bien que non puisque, à compter de 1808, les compagnies d'assurances refuseront de couvrir ce type de risque pour les maisons de la basse-ville. Peut-on les blâmer ? En 1836, 1840 et 1854, trois incendies détruiront encore des magasins, des maisons, des entrepôts et des bateaux. ❖

L'après-Conquête : une place plus commerçante que jamais (1761-1831)

R EPARTIR PRATIQUEMENT à zéro... Du déjà vu. À la seule différence que, cette fois, Place-Royale est britannique. Mais cela
ne l'empêche pas de se rebâtir d'abord à la française et de conserver
certains usages dictés par la tradition d'avant-guerre. En même
temps, l'influence de Londres imprègne progressivement cet endroit
résolument voué à l'agitation des affaires.

Les Anglais ont gagné. Les Français ont perdu. Située au centre
des enjeux, la population de la colonie est inquiète. Que lui réserve
le futur ? Comment seront traités les habitants ? Préservera-t-on leurs
lois et leur religion ? Les militaires britanniques, pour leur part, ont
le sentiment de débarquer en terrain incertain. Doivent-ils craindre
une révolte populaire ? Une contre-attaque des Français ? Comment
affronteront-ils les rigueurs de l'hiver ?

Qu'on soit du côté des conquis ou des conquérants, les mois à
venir s'annoncent particulièrement difficiles. Logis, combustible,
vêtements et nourriture font cruellement défaut. Les civils ne possèdent presque plus rien, les soldats craignent l'impitoyable saison.
À Place-Royale, les préoccupations, les rancunes et les regrets cèdent
bientôt le pas à la réorganisation.

Anonyme, Vue de la Douane de Londre et d'une partie de la Tour prise de la Thamise, 1753.
Eau-forte et burin rehaussée à l'aquarelle.
Musée de la civilisation, dépôt du Séminaire de Québec, 1993.25828. Photo : Pierre Soulard.

La France inspire les artisans

La reconstruction débute. Par attachement à l'avant-guerre, par habitude de certaines techniques et par souci d'efficacité, on innove peu. Le site se reconstruit selon un plan d'ensemble fixé bien avant 1760. De même, les fondations, les voûtes et les murs épargnés par les bombardements servent de base aux nouvelles maisons qui, pour la plupart, reproduisent les modèles du Régime français : habitations de pierre de mêmes surfaces, toits à deux versants recouverts de fer-blanc ou de bardeau blanchi au lait de chaux. Plusieurs ont des lucarnes pour l'éclairage et l'aération du grenier. Des annexes ou des hangars occupent l'arrière des maisons d'où les cours ont disparu, toujours pour gagner une surface d'habitation ou d'entreposage.

Les différents chantiers sont confiés à des maîtres maçons qui jouent souvent le rôle d'entrepreneurs. Les Paul Pacquet, Charles Renaud, Jean-Marie Verreault, Pierre Delestre dit Beaujour et Antoine Parent deviennent maîtres d'œuvre à Place-Royale comme dans le reste de la ville. Ils se chargent de l'embauche des menuisiers et des charpentiers, tels François Barbeau, Pierre Carrier, Prisque Chamberland, Barthélémy Jouisneau, Timothée Laflèche, Jean-Baptiste Bédard, Michel Charley et Jean Baillairgé. Ce dernier s'affaire, notamment, à redonner vie à l'église Notre-Dame-des-Victoires. Au début du XIXe siècle, des Anglo-Saxons feront leur entrée dans le domaine de la construction résidentielle : les maçons John Mc Lean et John Weil, et les frères Hadden, menuisiers.

Peu après la guerre, plusieurs des maisons qui sont reconstruites sur la place ou face au fleuve sont munies d'une lucarne à palan, un dispositif qui permet de monter les marchandises au premier grenier. La popularité de ces ouvertures confirme l'intensité de l'activité commerciale.

Lucarne à palan de la maison La Gorgendière.

Musée de la civilisation, dépôt des Archives nationales du Québec, fonds Place-Royale.

Progressivement, au XIXe siècle, les quais, grues et entrepôts en viennent à occuper densément la frange du fleuve et à en modifier complètement l'aspect.
James Pattison Cockburn (1779-1847), La basse-ville de Québec. Aquarelle.
Royal Ontario Museum, 951.82.3.

Les contraintes propres au milieu et l'absence de main-d'œuvre britannique spécialisée dans la construction font en sorte que les artisans locaux perpétuent la tradition et façonnent Place-Royale telle qu'ils l'ont connue avant les récents bouleversements. Ils se souviennent cependant que l'espace manquait. La croissance se fera dès lors en hauteur. Les maisons, d'un type de plus en plus urbain, auront couramment trois étages.

L'extension par le fleuve, phase deux

Avant la guerre, les berges étaient occupées, d'une part par les infrastructures portuaires et, d'autre part, par l'enceinte fortifiée et les différentes batteries. Depuis la Conquête, les installations de défense militaire n'y sont plus. Dès lors, le port va pouvoir prendre de l'ampleur, et c'est l'exploitation plus intense des rives qui va représenter le changement majeur dans la réorganisation de Place-Royale en cette fin du XVIIIe siècle.

Dans la nouvelle configuration des lieux, les berges accueillent une succession de quais administrés par leurs propriétaires, des commerçants anglais qui ont acquis des terrains en bordure de l'eau. Peu après, des hangars font également leur apparition. Le tout permet de recevoir les grands navires marchands pour le chargement et le déchargement des marchandises ainsi que leur entreposage. On

De la basse-ville, où parvenaient les marchandises, jusqu'au sommet du cap Diamant, où on s'apprêtait à bâtir la Citadelle, comment allait-on acheminer les matériaux lourds, la pierre et les canons ? Les Ingénieurs du roi, sous la gouverne du lieutenant-colonel E. W. Durnford, eurent recours à un plan incliné de conception tout à fait novatrice, soit une voie ferrée grimpant le long de la falaise et permettant d'approvisionner le chantier.

James Pattison Cockburn (1779-1847), Le plan incliné à Québec, 1830. Sépia.
Musée de la civilisation, dépôt du Séminaire de Québec, 1993.15162. Photo : Pierre Soulard.

assiste donc à la prolifération de gigantesques infrastructures, qui s'établissent de façon plutôt anarchique en fonction des intérêts individuels des marchands, sans aucun souci de planification urbaine.

C'est dire que l'élite commerçante s'approprie un espace de plus en plus important, sinon vital, pour l'évolution économique et sociale de l'endroit. Ce même groupe s'insère également dans l'administration publique. Place-Royale est plus que jamais entre les mains des hommes (et de quelques rares femmes) d'affaires.

Autre fait nouveau, les commerçants s'affairent dans ce quartier sans nécessairement y habiter, contrairement aux années antérieures. Les maisons font l'objet d'investissements et de spéculations financières. La proportion des locataires augmente : presque la moitié des maisons sont à logements multiples, et une partie du bâtiment est réservée au commerce, c'est-à-dire un magasin, une boutique ou un entrepôt situé à la cave ou au grenier. Ces locations accommodent des gens de toutes catégories : artisans, journaliers, marins, immigrants et prostituées. Quelles que soient les ambitions de chacun, le port, on le voit, possède un grand pouvoir d'attraction.

Le commerce s'anglicise et Napoléon donne un coup de pouce...

Après la Conquête, la reconstruction de maisons en hauteur et les empiétements successifs sur le fleuve permettent une substantielle augmentation de la population de Place-Royale. En 1770, on y dénombre 729 habitants et une centaine d'autres s'y ajouteront à la fin du siècle. Les nouveaux arrivants sont souvent des Britanniques venus tenter leur chance, des marchands originaires d'Angleterre, d'Écosse et d'Irlande.

Dès le début des années 1800, les commerçants canadiens-anglais dépassent en nombre les francophones et forment 59 % des personnes qui tiennent boutique à Place-Royale. Bientôt, les anglophones contrôlent le commerce et, à cet égard, William Burns, établi rue Saint-Pierre, en est un bon exemple. Arrivé sans le sou en 1770, il s'est enrichi dans l'import-export et a rapidement joint les rangs de l'élite marchande. Il compte maintenant parmi les commerçants les plus importants de la ville de Québec et du Bas-Canada. Au fil des années, les marchands comme lui ne se contentent plus de vendre leurs produits mais visent à diversifier leurs activités économiques. Toutes occasions considérées, John Goudie, John Caldwell et William Price choisissent de faire fortune dans le commerce du bois. De leur côté, Thomas Dunn, John Gray et William Grant s'engagent dans le commerce des fourrures en tant que locataires des Postes du Roi[1]. Des marchands de Place-Royale deviennent des prêteurs d'argent, d'autres investissent dans l'immobilier, dans les produits agricoles, dans le transport maritime et, plus tard, dans le secteur des banques et des assurances. Par ailleurs, seuls quelques francophones accèdent au marché métropolitain, comme Joseph Drapeau, Louis Dunière et Martin Chinic, qui importent des biens d'Angleterre. Les francophones occupent néanmoins une part importante du commerce intérieur de Place-Royale et possèdent, entre autres, les magasins généraux, les commerces de tissus et de vêtements, ainsi que les quincailleries. En revanche, les anglophones accaparent deux secteurs vitaux : l'épicerie et les fournitures de navires.

Francophones ou anglophones, la majorité des marchands de Place-Royale sont mariés et ont un conjoint de même nationalité. Dans l'ensemble, les familles comptent de trois à cinq enfants. S'ajoutent au noyau familial un ou plusieurs domestiques et, parfois, un ou deux commis qui travaillent au magasin et logent dans la maison.

Malgré les attentes des nouveaux dirigeants, la population demeure majoritairement française et catholique, ce qui les oblige à plus de tolérance. À cet égard, les lois civiles françaises sont remises en vigueur et les mariages, décès, héritages et dispositions concernant le patrimoine sont régis de nouveau par la Coutume de Paris. De même sont rétablies les pratiques religieuses de la période française ainsi que le régime seigneurial.

De l'autre côté de l'océan, à l'autre extrémité de l'axe commercial, les Britanniques n'apportent pas de réelles modifications à la structure économique de leur nouvelle colonie. Ils poursuivent la traite des fourrures de même que l'exploitation de la pêche et du bois, les trois secteurs clés. Tout comme la France l'avait fait, l'Angleterre tire profit des richesses naturelles du territoire conquis, tandis que sa colonie ne peut importer que des produits britanniques, ou encore des marchandises étrangères qui ont transité par le Royaume-Uni. Toujours selon les exigences de l'Empire, la colonie ne transforme pas elle-même ses ressources locales ; celles-ci sont exportées à l'état brut vers l'Angleterre et reviennent à Québec après transformation.

Le début du XIXe siècle marque une accélération percutante dans l'activité portuaire de Québec. Ironie du sort, c'est Napoléon qui déclenche ce mouvement en imposant un blocus des ports de la Baltique. Cette décision prive l'Angleterre des approvisionnements en bois qui lui parvenaient d'Europe du Nord. En conséquence, les Britanniques se tournent vers leurs possessions américaines et leurs immenses réserves de bois. S'instaure alors avec la métropole un

Après la Conquête, les Anglais sont les nouveaux maîtres du commerce des fourrures, et les avis qui paraissent dans la presse locale de Québec témoignent de l'engouement des Européens pour les belles peaux de loutre, de loup, de vison, de renard et autres...

Annonce pour l'achat de fourrures publiée dans La Gazette de Québec, 13 septembre 1764.

Musée de la civilisation, bibliothèque du Séminaire de Québec, fonds ancien. Photo : Jacques Lessard.

Au XIXe siècle, le commerce du bois avec l'Angleterre a pris une telle ampleur qu'il déclasse celui de la fourrure. À l'ouest de Place-Royale, les billots transportés par les eaux du fleuve s'amoncellent dans les anses de Sillery.

J.-Ernest Livernois, L'anse-aux-Foulons à Sillery, *vers 1880*.

Archives nationales du Québec à Québec, P560, S1, 115.

marché colossal qui assure à l'Angleterre le renouvellement de sa flotte de guerre et de ses navires marchands. La colonie, pour sa part, en tire elle aussi d'immenses profits et Québec connaît un nouvel essor économique. La conjoncture ne manque pas de profiter directement aux grands commerçants dont les bureaux sont situés à Place-Royale et dans les secteurs avoisinants.

TRAFIC DANS LE PORT[2]

L'augmentation des exportations de bois provoque une hausse du nombre de navires et de marins qui arrivent à Place-Royale.

Moyenne annuelle des navires qui quittent le port de Québec

À la fin des années 1760	64
Durant les années 1790	100
En 1807	239
En 1810	661

Nombre de marins au port

À la fin des années 1760	515
Durant les années 1790	767
En 1807	3 000
En 1810	7 000

G. H. Andrews, Québec
vue du Saint-Laurent,
d'après un croquis
publié dans Illustrated
London News,
1ᵉʳ septembre 1860.
Archives nationales
du Québec à Québec,
E6, 58, P146-K-12.

Le monde des bateaux

Dans le port, le va-et-vient des bateaux est aussi le défilé de tous les
types d'embarcations en usage durant cette période. Le navire le plus
répandu pour le transport commercial est le trois-mâts carré ou
navire marchand. Ce bâtiment de fort tonnage (de 200 à 600 tonneaux)
est spécialement conçu pour le commerce international entre le
Canada, l'Angleterre et ses colonies. D'autres modèles sont aussi
utilisés pour le négoce, comme le brick, le brigantin, le seneau ou le
trois-mâts barque. Plusieurs spécimens sont d'ailleurs construits à

En ce début du XIXᵉ siècle, il y avait de quoi surprendre le visiteur nouvellement
arrivé lorsqu'on lui apprenait que, de Québec à Lévis, le fleuve pouvait être fran-
chi soit grâce à des chevaux, soit à bord de traîneaux, selon la saison! De fait, un
bac mû par des chevaux assurait la traversée durant la majeure partie de l'année.
En hiver, selon les conditions météorologiques, le trajet pouvait se faire à bord
de traîneaux sur un pont de glace construit entre les deux rives.

*James Pattison Cockburn (1779-1847), La place du marché de la basse-ville vue du quai
MᶜCallum, 1829. Aquarelle. Collection privée.*

James Pattison Cockburn (1779-1847), *Québec vue de la glace*, 1831. *Aquarelle.*
Musée de la civilisation, dépôt du Séminaire de Québec, 1993.25513. Photo : Pierre Soulard.

Québec entre 1760 et 1820. Un plus petit bateau, le sloop, est employé pour la pêche, le transport de marchandises et le commerce maritime. La goélette, bâtiment léger à deux ou trois mâts, sert aussi à la pêche, au cabotage, au transport côtier et au commerce maritime.

Au XIXe siècle, Place-Royale est le siège de la plupart des compagnies de navigation qui desservent les ports en amont et en aval de Québec. Ce sont les entreprises de John Molson et de James Mc Dougall, ainsi que la Torrance Line, la Quebec and Gulf Port Co. et la Richelieu Navigation Company. Des marchands régionaux, ou encore une clientèle de passagers, empruntent les bateaux de ces différentes compagnies pour des trajets sur le Saint-Laurent et ses affluents.

Dès 1817, un service de traversiers relie la Pointe-de-Lévy et le débarcadère de Place-Royale. Ce sont les vapeurs *Lauzon* et le *New Lauzon* qui assurent cette liaison. Des chaloupes à rames, des barques à voile et des canots peuvent également effectuer la navette. En hiver, lorsque le fleuve gèle, soit une année sur quatre, on emprunte la voie balisée du pont de glace qui court d'une rive à l'autre.

« Le séjour le plus désagréable qu'il y ait au monde »

Au début de la domination anglaise, un voyageur nommé Isaac Weld arrive par bateau à Place-Royale. Apprécie-t-il au premier coup d'œil les charmes de la cité commerçante et portuaire érigée au prix de tant de ténacité ? Son appréciation va plutôt dans le sens opposé.

À l'époque du peintre James Pattison Cockburn, la rue Champlain est habitée par des artisans de condition simple. On peut présumer que l'artiste a voulu refléter dans son tableau l'attitude détendue des résidants de l'endroit.

James Pattison Cockburn (1779-1847), La rue Champlain, 1830. Aquarelle. Royal Ontario Museum, 924.48.94.

C'est le séjour le plus désagréable qu'il y ait au monde. L'air y est malsain et, concentré dans les rues sales et étroites, sa circulation est encore interceptée par la trop grande hauteur des maisons. Que l'on ajoute à cela que les rues les plus basses sont infectées d'une odeur insupportable qui provient des vases et des immondices que la marée en se retirant laisse sur le rivage[3].

Au fur et à mesure que Place-Royale se développe, la densité humaine et l'exiguïté du site entraînent une dégradation des conditions de vie, notamment de l'hygiène publique. Le drainage des rues, par exemple, est tout à fait déficient et seules les résidences à proximité des berges sont dotées de canalisations de bois qui évacuent les déchets vers le fleuve. Par ailleurs, ces écoulements se font à ciel ouvert et empestent les lieux. L'insuffisance des canalisations et des égouts a pour effet d'embourber les rues, et la saleté des artères nuit à la circulation des charrettes qui effectuent le transport des marchandises. L'étroitesse des rues et leur encombrement s'ajoutent au portrait général. La situation incite des citoyens et des marchands à adresser diverses plaintes et pétitions aux autorités. Ces dernières réagissent en exigeant l'application des ordonnances émises depuis la Conquête. Mais les commerçants, qui étaient les premiers à protester, sont parmi ceux qui n'hésitent pas à transgresser les règles...

Selon les commentaires de plusieurs voyageurs, les rues sont sinueuses et leur pavage cahoteux semble des plus improvisés[4]. De fait, au cours du XIXe siècle, on expérimente différentes techniques en la matière, comme le pavage en blocs de grès, de calcaire ou de granit, le pavage en macadam ou petites pierres noires concassées disposées sur un lit de sable, le recouvrement au moyen de blocs de bois ou madriers posés dans le sens de la longueur. De tous ces essais, il ressort parfois qu'une rue serve de terrain d'expérience à plus d'un procédé!

Outre l'état des rues de Place-Royale, l'éclairage de celles-ci est un élément qui concourt à l'image et à la sécurité du quartier. Dès 1802, tout édifice public, café, auberge et taverne est tenu d'avoir à sa porte une lampe allumée, de la brunante jusqu'à minuit. Quinze ans plus tard, on met en place l'éclairage des rues. Des flambeaux de nuit, sorte de lampes à l'huile, sont fixés aux murs de façade par une potence et sont allumés à travers la ville depuis une heure après le coucher du soleil jusqu'à une heure avant son lever. Cette innovation est importante puisque, avant l'avènement de l'éclairage, on circulait, à la nuit tombée, avec son fanal en fer-blanc à travers des rues sombres, parmi les boues douteuses et les irrégularités de la chaussée. La sortie nocturne réservait alors bien des surprises...

En 1987, des fouilles archéologiques ont mis au jour le pavage qui servit à recouvrir Place-Royale à partir de 1799. Composé de blocs de grès d'un gris verdâtre, ce pavage fut maintenu pendant une centaine d'années.

Pavage de grès découvert à Place-Royale.

Ministère de la Culture et des Communications, fonds photographique, 1977-R61.12.

Dans les milieux plus fortunés, les dames affrontent l'hiver québécois emmitouflées dans des mantes à capuchon et des manchons de fourrure.

John Lambert, Une femme canadienne dans ses vêtements d'hiver et un prêtre catholique, 1816. Aquatinte.

Musée de la civilisation, dépôt du Séminaire de Québec, 1993.15146. Photo : Jacques Lessard.

Modes, culture et divertissements : l'influence de Londres, du fleuve et de l'hiver

À Place-Royale, les navires en provenance de l'Angleterre rapportent les modes vestimentaires de Londres. Mais en même temps, à Québec, au moment de choisir ses vêtements, on est confronté aux exigences du climat. Comment s'habille-t-on, ainsi partagé entre les attraits de l'Europe et les exigences d'un pays reconnu pour ses records de froid ? En cela, comme en bien d'autres choses, on se soumet à l'influence britannique. Dans les boutiques, des tissus variés sont offerts, notamment des tissus de laine de la métropole, des toiles, soies, dentelles et passementeries provenant d'industries françaises, et des toiles du pays, ces dernières coûtant moins cher que les importations. Des patrons de vêtements reproduisent des modèles anglais. Dans le prêt-à-porter, on trouve habits, gilets, culottes, redingotes, chemises, blouses, châles, casquettes, chapeaux, bonnets, etc.

Côté loisirs, la population de Place-Royale, qui regroupe une majorité de gens scolarisés, s'adonne volontiers à la lecture et à l'écriture. Dans presque chaque maison, on retrouve au moins un livre, la Bible, et certaines familles ont des bibliothèques bien pourvues. Le commerçant William Burns, par exemple, possède plus de 200

Nostalgie ou patriotisme, on s'intéresse beaucoup à l'histoire d'Angleterre.

George L. Craik et Charles Mac Farlane, Pictorial History of England, Londres, Charles Knight, 1841, 4 vol.

Musée de la civilisation, bibliothèque du Séminaire de Québec, fonds ancien. Photo : Jacques Lessard.

À Place-Royale, la musique fait partie des divertissements et, lors des soirées de danse, on peut passer du cotillon français à la gigue écossaise.

James Duncan, Un mariage canadien, vers 1805. Aquarelle. Royal Ontario Museum, 951.158.14.

volumes, du livre d'histoire de la Grande-Bretagne au manuel pieux, en passant par les grands classiques de la littérature anglaise. À compter de 1764, on apprécie de parcourir *La Gazette de Québec* pour les nouvelles et les rabais des marchands. D'autres activités meublent aussi les temps libres, telles les réunions de famille à la maison, une balade sur le fleuve en petite barque, une partie de pêche, une rencontre entre amis pour prendre le thé ou jouer aux cartes. Des personnes « de la haute » sont reçues au Château Saint-Louis pour un bal, une partie d'échecs ou pour assister à une pièce de théâtre. Pour ceux que cela intéresse, le port offre des tripots, des tavernes et des bordels...

L'hiver, une année sur quatre, Place-Royale fait face à un fleuve gelé, qui se transforme alors en patinoire, en piste de courses de

George Heriot (vers 1759-1839), Une soirée de danse au Château Saint-Louis en 1801 à Québec. Aquarelle, 1807. Archives nationales du Canada, C-40.

Dans les maisons, les jeux de cartes figurent parmi les distractions les plus populaires. C'est là une tradition qui remonte au Régime français et l'habitude est à ce point répandue que, pour la seule année 1807, le Canada importe 16 844 paquets de cartes à jouer.

Cornelius Krieghoff (1815-1872), Les joueurs de cartes. Lithographie rehaussée à l'aquarelle. Illustration tirée de R. & C. Chalmers, Life in Lower Canada, Montréal, 1848.

Archives nationales du Canada, C-57.

chevaux et en parcours de promenade en carriole. Au retour d'une de ces froides randonnées, le plaisir de se réchauffer à l'intérieur des maisons se double de celui de discuter à plusieurs devant une flambée accueillante.

En cette année 1832, au cours des conversations, nombreux sont ceux qui commencent à se questionner sur une maladie qui ferait, dit-on, beaucoup de morts à l'étranger. Mais, heureusement, dans la colonie on est loin des pays où l'épidémie s'étend. Le choléra, c'est pour les autres continents ! ❖

Patinage sur le Saint-Laurent à Québec. Illustration tirée du Quebec Daily Telegraph.

Archives nationales du Québec à Québec, P600, S5, PL66.

Habiter Place-Royale, au lendemain de la Conquête, dans la maison d'un forgeron, d'un boucher ou d'un négociant

Alors que la partie inférieure de l'armoire de coin sert au rangement, la partie vitrée permet de mettre en évidence les plus belles pièces de vaisselle.

Encoignure en pin, autrefois peinte, à décor naïf d'inspiration multiple.
Musée de la civilisation, 1968-714.
Photo : Pierre Soulard.

Pierre Lefrançois est un forgeron de condition modeste. Il habite avec sa famille une maison de pierre à deux étages avec cave et grenier, située rue du Cul-de-Sac. La famille n'occupe que le premier étage constitué d'une seule et unique grande pièce où se déroulent toutes les activités quotidiennes, sauf le travail de forge qui se fait dans la boutique, au rez-de-chaussée. Pour augmenter ses revenus, le forgeron loue le second étage de sa maison.

Jacques Damien est boucher et jouit d'une relative aisance financière. Il a investi dans l'immobilier et possède quatre maisons dont il tire des revenus : deux au Cul-de-Sac, dont une où il loge avec sa famille et où il tient boutique, et deux rue Champlain. Si on exclut l'outillage spécialisé que requiert la pratique de son métier, le cadre de vie de Jacques Damien correspond à celui de la majorité des artisans à la fin du Régime français, soit un logis confortable teinté d'un soupçon de luxe.

La prospérité s'affiche davantage chez Pierre Dufau, un négociant de la rue Saint-Pierre. Il habite une grande maison de 10 m sur 10 m qui comporte deux étages, une cave et un grenier. Une partie de ce grenier est loué. Chez les Dufau, on s'entoure d'objets qui soulignent l'opulence de la famille : des meubles nombreux, des pièces d'argenterie et de cristal, une garde-robe assez diversifiée. Dans la chambre des époux, on a placé des portraits du

Même au début du XIXe siècle, la commode ne se retrouve que dans certains intérieurs cossus comme celui de Pierre Dufau ; Peter Stuart, qui habite la maison Estèbe, en possède plusieurs.

Commode en érable et en pin à décor d'inspiration multiple. Musée de la civilisation, 1965-71. Photo : Pierre Soulard.

roi et de la reine de France, des cadres de la Passion de Notre-Seigneur, un grand miroir ainsi que la cage des oiseaux de compagnie, deux perroquets et deux mésanges. La maison est pourvue d'un imposant meuble-bibliothèque qui contient une centaine de livres, dont une *Vie du Christ*, plusieurs dictionnaires latins et français, des livres en latin et des ouvrages de prières. ❖

Être le riche propriétaire de la maison Estèbe

Au XVIIIe siècle, l'influence orientale est souvent présente dans les diverses formes d'art décoratif, comme en témoigne ce papier peint découvert au cours de la restauration de la maison Estèbe.

Papier peint de la maison Estèbe.
Royal Ontario Museum, 955.153.

À Place-Royale, les plus grandes fortunes ont, entre autres, pour noms Pierre Fargues et Peter Stuart, deux représentants de l'élite financière des négociants et des grands propriétaires fonciers. Tour à tour, chacun a possédé la maison Estèbe, une somptueuse résidence familiale. Le bâtiment est un des seuls à avoir résisté aux bombardements de 1759 et il est situé rue Saint-Pierre, près de ce qui deviendra la rue Saint-Jacques (appelée aujourd'hui rue de la Barricade). Pendant plusieurs décennies, ce secteur est le centre financier en même temps que la zone résidentielle cossue de Place-Royale.

La maison Estèbe mesure environ 20 m de façade sur 15 m de profondeur. Au-dessus d'une cave voûtée, elle compte deux étages, en plus des combles et du grenier. Elle est traversée sur toute sa longueur par un mur

Boiseries de la maison Estèbe. Musée de la civilisation. Photo : Alain Vézina.

central qui départage l'espace en une enfilade de pièces. La résidence comporte huit foyers, dont trois au rez-de-chaussée et cinq aux étages.

Lorsque Pierre Fargues acquiert la maison, il en soigne tout particulièrement la décoration intérieure et orne les pièces de superbes boiseries ainsi que de nombreux tableaux.

La famille Stuart qui lui succède ajoute encore au luxe ambiant. Au rez-de-chaussée, l'entrée, avec escalier central, est voisine de la salle de réception richement meublée. Viennent ensuite la chambre à coucher et la salle de toilette des maîtres ; la cuisine et la pièce pour le déjeuner donnent sur l'arrière du bâtiment. À l'étage, une grande salle de séjour a « vue sur la rivière ». On y trouve des fauteuils, des tables de jeux, un pianoforte, un violon, une guitare, des lits et des couchettes. Les trois autres chambres sont occupées par les enfants. Les Stuart ont mis une centaine de peintures aux murs et leur bibliothèque contient plus de 350 livres. Dans la remise, à l'arrière de la maison, on range les quatre carrioles et les deux calèches de Peter Stuart.

En 1811, lorsque la famille quitte la maison, celle-ci devient un édifice à bureaux. Ce changement de vocation présage un mouvement plus large qui exclura du secteur la fonction résidentielle au profit du développement économique. ❖

Connu sous le Régime français, le thé gagne en popularité après la Conquête. Les services à thé en porcelaine chinoise accompagnent cette boisson venue d'Orient.

Bol en porcelaine chinoise.

Ministère de la Culture et des Communications, 132QU-6B4-67. Photo : Jacques Lessard.

Soucoupe en porcelaine chinoise.

Ministère de la Culture et des Communications, 132QU-6B4-62. Photo : Jacques Lessard.

Être convié à la table bourgeoise du négociant John William Woolsey

Fantaisie des grandes fortunes, John William Woolsey commanda au peintre William Berczy un portrait de sa famille. La toile fut réalisée en 1809 et trouva bonne place dans la luxueuse demeure parmi de nombreux tableaux de paysages.

William Berczy (1744-1813), La famille Woolsey, 1809. Huile sur toile.
Musée des beaux-arts du Canada, Ottawa, 5875. Don du major Edgar C. Woolsey.

Faisons une brève visite de la demeure des hôtes. Dans cette maison-ci, comme dans la plupart des habitations de milieu aisé en cette première moitié du XIXe siècle, le mobilier est abondant : meubles en bois de pin, de merisier, de noyer, de chêne ou, parfois, d'essences plus rares comme l'acajou. Selon une nouvelle tendance, certains meubles spécialisés font leur apparition, tels les commodes à tiroirs et les portemanteaux. Parmi les sièges, il y a aussi des nouveautés, comme le fauteuil simple et le sofa de style Sheraton ou Regency. Sur les consoles de cheminées, la famille a disposé des pièces fines en porcelaine ou en faïence, bibelots, vases à fleurs et figurines européennes et orientales. La maison est chauffée par différents foyers et au moyen d'un ou deux poêles à deux ponts. On chauffe au bois et au charbon et, preuve qu'on accède à un confort

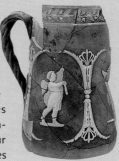

Au début du XIXe siècle, les maisons comme celle de J. W. Woolsey sont décorées de figurines néoclassiques, et la vaisselle s'inspire de motifs de l'Antiquité.

Pichet anglais en grès coloré à décor blanc pastillé.

Ministère de la Culture et des Communications, 1QU-2126-C-2.
Photo : Jacques Lessard.

agréable même par grands froids, la bassinoire jusque-là utilisée pour réchauffer les draps, n'est plus en usage. Côté soins personnels, outre tout un assortiment d'objets d'hygiène tels aiguière, pot à eau, bassin à barbe, cuvettes, peignes, rasoirs, savons, parfums et cosmétiques, le riche négociant Woolsey possède un article encore peu répandu : une baignoire en fer-blanc. Certains de ses contemporains fortunés ont un modèle en zinc, dont le pendant plus rustre est la cuve de bois.

La visite de la maison révèle que les tables d'acajou et de bois de rose y sont nombreuses et que c'est vraisemblablement là un indice de prospérité. C'est autour de l'une d'entre elles que les invités prennent place.

Ce secrétaire aux lignes simples conviendrait bien au décor sobre et raffiné de la famille Woolsey.

Secrétaire en pin d'esprit Sheraton. Musée de la civilisation, 1968-722.
Photo : Pierre Soulard.

Sur la table, la vaisselle que l'on possédait avant la Conquête sert toujours. Toutefois, si on a dû remplacer certains morceaux, on a opté pour les articles de fabrication britannique qui ont envahi le marché, et qui sont généralement de bonne facture, jolis et peu coûteux. La vaisselle peut être en verre, en étain, en argent, en fer-blanc. Les formes sont variées et correspondent à des usages précis : saladier, compotier, moutardier, etc. Plusieurs des pièces à l'anglaise, faites de terre cuite fine et blanche, sont ornées de motifs floraux, de scènes bucoliques et de paysages bleutés. Enfin, grand luxe en la matière : des ustensiles à manche d'ivoire, des verres à tige pour le vin, de la porcelaine dorée pour le thé.

Chez Madame et Monsieur Woosley, le menu peut par exemple se composer d'un potage, de différents légumes, de pâtés, de viandes ou de poissons grillés, et même d'huîtres. Du pain accompagne le tout. Il peut y avoir une note d'exotisme : câpres, olives, jambon de Bayonne, figues, prunes, noix, etc. Au dessert, on offre des fruits variés en saison et des pâtisseries. Les vins sont importés d'Europe. D'autres alcools ont aussi la faveur : le rhum, très prisé (en 1829, on importe à Québec 1 130 283 gallons de rhum), et, plus tard, le gin. Le café est une autre de ces douceurs réservées aux nantis. ❖

Découvrir l'invraisemblable magasin général de Frederick Limpp

Au début des années 1800, avec le développement des réseaux internationaux d'échanges et le changement de métropole, on note quantité de nouveautés dans le monde de la consommation, l'apparition de certains biens de luxe auxquels on n'avait pas accès jusqu'alors et la disponibilité accrue d'aliments étrangers.

La vaisselle à décor imprimé bleu est disponible à Place-Royale dès le début du xixe siècle. Les paysages de la campagne anglaise y rivalisent avec les chinoiseries, les illustrations de voyages, les décors floraux et les jardins romantiques.

Plat de service en terre cuite fine anglaise à décalcomanie bleue.
Ministère de la Culture et des Communications, CeEt-18-4A3-1.
Photo : Jacques Lessard.

Comme une description de tout ce qui s'offrait à la clientèle serait pratiquement sans fin, contentons-nous, tout au plus, de fureter dans le magasin général de Place-Royale. L'énumération des marchandises proposées par son propriétaire, Frederick Limpp, en vaut la peine, ne serait-ce que pour réaliser l'étendue de son invraisemblable inventaire. Ici, on peut (presque) tout se procurer. Mais encore ?

Beurre local, américain ou irlandais, gruau, fromage anglais, jambon, porc salé, hareng fumé, sucre non raffiné, sucre raffiné, café, thé vert de Chine, thé anglais, farine, riz, brandy, vins d'Espagne, de Bordeaux, de Madère, de Porto, tabac à chiquer, cigares, goudron, clous, vaisselle, papier, crochets à poisson, cirage à chaussures, plumes d'oie, toile et corde à voile, gants de soie et de coton, bas de diverses couleurs, casques, châles, gilets, culottes, manteaux de fourrure ou de drap, imperméables, vestes, chemises,

Le tabac à priser, l'encre et le cirage sont offerts dans des bouteilles faciles à reconnaître, même sans étiquette.

Flacon à tabac en verre, encrier et bouteille à cirage en grès anglais.
Ministère de la Culture et des Communications,
132QU-6B4-838, CeEt-28-1A4-47, CeEt-143-7A4-92.
Photo : Jacques Lessard.

caleçons, corsets, habits, jupons, mouchoirs, robes, chapeaux, bonnets, casquettes, souliers, bretelles, ceintures, sacs de voyages, valises, eau de Cologne, savon anglais, brosses à dents, peignes, pots de chambre, parfums, violons, pianos, flûtes, plumes pour écrire, crayons, cire à cacheter, papier, écritoires, poudre d'encre, encriers, sabliers, longues-vues, jeux de cartes, jouets divers, livres... Et encore! Notre visite ne nous révèle probablement pas tout ce que le magasin général renferme!

Monnaie française (1810).

Ministère de la Culture et des Communications, 1QU-2293-3J-1C1-202. Photo: Jacques Lessard.

Les monnaies officielles sont frappées par les gouvernements, alors que les monnaies privées sont émises par des banques ou des marchands. La teneur en métal pur doit correspondre à la valeur indiquée sur les pièces.

Monnaie hispano-américaine (1784).

Ministère de la Culture et des Communications, 1QU-2152-III-R3-3. Photo: Jacques Lessard.

Au moment d'être payé, le marchand général, comme tous les autres commerçants, subit les inconvénients du désordre qui perdure dans les monnaies en circulation: livre sterling, piastre espagnole, livre française, livre courante de Québec ou de Halifax, monnaie de cuivre de la Nouvelle-Écosse, pièces d'argent d'Angleterre et d'autres pays. Face à la confusion et aussi pour pallier le manque chronique de numéraire reconnu, on a souvent recours au troc. On pratique aussi l'achat à crédit, et ce, à tous les échelons de l'univers commerçant. En 1812, le Bas-Canada émet sa propre monnaie de papier. Six ans plus tard, la Quebec Bank, première banque créée à Québec par des marchands canadiens et anglais, est inaugurée rue Saint-Pierre. ❖

Monnaie probablement brésilienne (1832).

Ministère de la Culture et des Communications, 1QU-2137-59. Photo: Jacques Lessard.

Monnaie privée (1820).

Ministère de la Culture et des Communications, 1QU-2131-273. Photo: Jacques Lessard.

Assister à une vente à l'encan, rue Saint-Pierre, en 1800

À l'instar d'autres marchands négociants, William Burns organise périodiquement des encans dans son établissement de la rue Saint-Pierre. La firme Melvin et Bélanger, pour sa part, utilise aux mêmes fins les quais publics, le quai de la Reine notamment, pour la vente en gros de spiritueux, de produits alimentaires et de marchandises sèches. Ces marchandises sont destinées à des commerçants moyens qui en feront, par la suite, la vente au détail. Une annonce dans *La Gazette de Québec* précise la date, l'endroit et l'heure de l'encan. Sur place, un professionnel de ce type de vente propose les marchandises, comme c'est le cas en cette fin du mois de décembre 1800 :

> À vendre par encan, le mercredi 30 décembre par John Jones, encanteur et courtier aux Chambres du soussigné rue Saint-Pierre.
>
> [...] Un assortiment considérable de marchandises sèches consistant en draps larges et étroits de toutes les couleurs, couvertes, flanelles de Galles, bas de coton pour hommes et femmes, bas de soie et de coton pour hommes, toile d'Irlande, taffetas, mousselines, taffetas lustrés, souliers, pantoufles, cartes à jouer, cannelle, muscade, 4 caisses de thé vert, indigo, alun, vitres, clous, plomb à tirer de différentes sortes.
> 50 quarts de fine fleur
> 59 tinettes de beurre du pays
> 5000 livres de sucre du pays
> 20 douzaines de vin de Port
> [...] Ceux qui achèteront pour une certaine somme auront trois mois de crédit, en donnant au courtier un billet approuvé[1].

Au cours de l'hiver, les encans se tiennent alors que les journées sont plus courtes. La vente se fait alors à la chandelle.

PUBLIC SALE BY CANDLE LIGHT - At the stores of Monsrs, Wilson, Robertson and Co. on the Evenings of Monday and Tuesday next, †the 10th and 11th Inst, at 5 o'clock each Evening[2]. ◈

1. *La Gazette de Québec*, 27 novembre 1800.
2. *La Gazette de Québec*, 6 décembre 1810.

La terreur : l'assaut du choléra (1832)

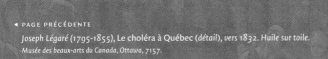

Alors que l'on préfère croire que le choléra se limitera aux autres régions du globe et que, en cas de besoin, on saura lui faire barrage, la maladie entre quand même en Amérique et fait son premier mort à Place-Royale, avant de se propager à travers le continent.

En 1831, des dépêches qui parviennent d'Europe et du Proche-Orient font état des ravages meurtriers du choléra, un mal nouveau venu des Indes cinq ans plus tôt. Partout, dans les grandes capitales du vieux continent, les gens en sont atteints en grand nombre. Les Nord-Américains ont alors le pressentiment que ce n'est qu'une question de temps avant que la terrible maladie ne franchisse l'océan... Dans les salons chics, pour contrer le malheur, on invente une théorie selon laquelle l'épidémie n'emporte que les gens pauvres, dans des milieux où l'hygiène et même le savoir-vivre font défaut !

Lorsque le choléra fait ses premiers morts à Québec, un journal local, le *Quebec Mercury*, se fait un devoir d'annoncer la triste nouvelle dans son édition du 9 juin 1832 : « Nous avons la triste responsabilité d'apprendre à la population que cette maladie est apparue dans la ville. Depuis hier matin, huit cas se sont produits et sept médecins ont confirmé la présence des symptômes du choléra spasmodique. »
Joseph Légaré (1795-1855), Le choléra à Québec, *vers 1832. Huile sur toile.*
Musée des beaux-arts du Canada, Ottawa, 7157.

Toutefois, en dépit de ces suppositions qui se veulent des plus rassurantes, un comité du Bureau de santé de Québec est constitué pour prévenir la maladie. Sur décision de ce comité, il est établi que :
– chaque navire venant d'Europe devra faire escale à Grosse-Île pour des vérifications sanitaires ;
– chaque immigrant devra verser cinq chelins pour la mise sur pied d'un hôpital temporaire, rue Saint-Jean ;
– un nouveau cimetière sera ouvert, chemin Saint-Louis.

Au tout début du mois de mai 1831, la saison de la navigation est inaugurée par l'arrivée d'un premier bateau européen. Le visiteur est accueilli avec beaucoup d'appréhension. Mais on se fie aux mesures de prévention adoptées, lesquelles se trouvent renforcées, il faut le dire, par une journée de jeûne qui se tient le 4 mai à travers tout le Bas-Canada pour demander la protection de la Providence. Rien ne se produit.

Le 8 juin, une rumeur terrifie les habitants. On prétend qu'un Irlandais venu de Dublin à bord du *Carrick*, un navire qui s'était pourtant arrêté à Grosse-Île, vient de mourir dans une des maisons de pension de Place-Royale. Cet homme est la première victime du choléra en sol d'Amérique. Dès le lendemain, on en dénombre sept autres.

Le Davis Vegetable Pain Killer, un médicament inventé en 1840 et breveté américain, a été très utilisé pour combattre le choléra.
Ministère de la Culture et des Communications, 134QU-2A3-531. Photo : Jacques Lessard.

On ne connaît aucun traitement pour cette maladie et toutes sortes de médecines sont improvisées : quantités accrues de fruits et de légumes, brandy épicé, camphre, etc. Aucune potion n'endigue le désastre, et c'est la panique à Place-Royale. Le 11 juin, le bilan des morts est porté à 42. Le lendemain, à 119. Le surlendemain, à 70 de plus. Pierre-Joseph-Olivier Chauveau (qui sera plus tard le premier... premier ministre du Québec) témoigne de la terrible emprise du choléra sur une communauté en état de choc :

De cent à cent-cinquante victimes succombaient chaque jour. Prêtres et médecins ne pouvaient suffire à remplir leur ministère. Les émigrés et les pauvres gens tombaient frappés dans les rues, et on les conduisait aux hôpitaux entassés dans des charrettes, où ils se débattaient dans des convulsions effrayantes [...]. Les décès des gens riches et considérables étaient devenus si fréquents que les glas funèbres tintaient continuellement à toutes les églises. L'autorité défendit de sonner les cloches, et leur silence, plus éloquent que leurs sons funèbres, augmenta la terreur au lieu de la diminuer. Toutes les affaires étaient interrompues, les rues et les places publiques étaient vides de tout ce qui avait coutume de les animer, presque toutes les boutiques étaient fermées ; la mort seule semblait avoir droit de bourgeoisie dans la cité maudite [...].

[...] Quelques officiers qui avaient été dans l'Inde s'avisèrent de raconter qu'après une grande bataille le fléau avait cessé, et que l'on attribuait sa disparition aux commotions que les décharges d'artillerie avaient fait éprouver à l'atmosphère. De suite, on traîna dans les rues des canons, et toute la journée on entendit retentir les lourdes volées d'artillerie, comme s'il se fut agi de dompter une insurrection.

Les enterrements des « cholériques » se faisaient régulièrement chaque soir à sept heures, pour toute la journée. Les morts de la nuit avaient le privilège de rester vingt-quatre heures ou à peu près à leur domicile. Ceux de l'après-midi n'avaient que quelques heures de grâce. On les portait au cimetière à la hâte pour « l'enterrement » du soir [...]. À toutes les heures du jour, les chars funèbres se dirigeaient vers la nécropole ; mais le soir c'était une procession tumultueuse, une véritable course aux tombeaux,

L'auteur de cet *Éboulis du Cap-Diamant*, Joseph Légaré, est considéré aujourd'hui comme l'un des peintres qui marqua le plus le XIXe siècle canadien.
Joseph Légaré (1795-1855), *Éboulis du Cap-Diamant*, *vers* 1841. Huile sur toile.
Musée de la civilisation, dépôt du Séminaire de Québec, 1991.33. Photo : Denis Chalifour.

semblables aux danses macabres peintes et sculptées sur les monuments du moyen âge. Des corbillards de toutes formes, de grossières charrettes, contenant chacune de quatre à six cercueils symétriquement arrangés, se pressaient et s'entreheurtaient confusément dans la « grande allée », ou chemin Saint-Louis. Les Irlandais étaient à peu près les seuls à former des convois à la suite des dépouilles de leurs parents ou de leurs amis. C'étaient de longues files de calèches pleines d'hommes, de femmes et d'enfants entassés les uns sur les autres comme les morts dans leurs charrettes, tandis que les cercueils des canadiens se rendaient seuls ou presque seuls à leur dernière demeure. Au reste, la plupart de ceux qui avaient parcouru ce chemin la veille en spectateurs faisaient eux-mêmes le lendemain les frais d'un semblable spectacle[1].

Jusqu'à la fin de septembre 1832, à Québec, on enterre ainsi 3300 personnes[2], la plupart du temps dans la fosse commune. La population de Québec est alors de 20 000 habitants.

Depuis Place-Royale, le choléra gagne toute l'Amérique. Montréal, notamment, pleure 2000 morts. Plus tard, soit entre 1834 et 1854, la maladie refera quelques apparitions, un peu moins virulentes cependant, comme si l'être humain avait développé une certaine résistance. Au seuil du continent, l'épidémie s'infiltrera tantôt via Place-Royale tantôt via le port de New York. Le fléau de 1834 verra intervenir, entre autres médecins, le docteur Joseph Morin, le plus apprécié de la population de Place-Royale. Un peu plus tard, son engagement auprès du peuple lui vaudra un autre titre, celui de premier maire élu de la ville de Québec.

Avalanches et éboulis

Au XIXe siècle, les statistiques de mortalité ne font pas de Place-Royale un quartier à part. On y affiche, comme partout, un taux important de décès d'enfants, de femmes mortes à l'accouchement, de victimes de maladies pour lesquelles la médecine demeure sans remède. Outre le fait que Place-Royale puisse, en raison de sa fonction portuaire, être la porte d'entrée d'épidémies, elle présente également une situation géographique particulière, propice à un certain nombre de tragédies. Ainsi en va-t-il des secteurs situés au pied de la falaise, soit les rues Champlain, du Cul-de-Sac et du Sault-au-Matelot, lesquelles sont davantage exposées à d'éventuels éboulis. Pour preuve, en février 1836, le coup de canon du midi a pour effet de déclencher une avalanche rue Champlain ; deux passants sont ensevelis sous la neige et un seul d'entre eux est retrouvé vivant, après 45 minutes de fouilles. Cinq ans plus tard, un éboulis de pierres se produit non loin de là, et 32 personnes sont tuées. En 1842, un nouvel éboulis écrase quelques demeures dont les occupants se sont providentiellement absentés pour assister à la messe. Il n'y a alors aucune perte de vie, sans doute à cause de l'intervention du Divin... ◈

En 1889, un nouvel éboulis se produit au cap Diamant, causant le décès de 44 personnes.

Louis-Prudent Vallée, Éboulis du cap Diamant, 1889.

9

La cohue : un règne
de hangars et de quais
(1833-1861)

PLACE-ROYALE COMPTE maintenant 1000 habitants, accueille jusqu'à 2000 navires par année, se dissimule côté fleuve derrière une quarantaine de quais, compte trois marchés des plus bourdonnants et multiplie le nombre de ses hangars pour stocker, vendre, gérer, s'enrichir. Parallèlement, il y a un exode des familles plus fortunées vers la haute-ville : quand on en a les moyens, on préfère habiter en dehors de la place d'affaires surpeuplée tout en continuant d'en tirer les ficelles.

Plus aucun espace disponible! Dans les années 1830, le phénomène de l'entassement caractérise Place-Royale, malgré qu'on ait empiété au maximum sur le fleuve par le remblaiement et l'installation de quais sans cesse plus nombreux, plus larges et plus longs. D'ailleurs, la multiplication de ces quais est proportionnelle à l'accroissement de la fonction commerciale du secteur.

À cette époque, les hangars sont des éléments dominants dans le paysage, témoignant ainsi de la place prépondérante qu'ils occupent dans la vie des gens. Ces bâtiments peuvent tout à la fois servir de magasin, d'entrepôt, d'espace à bureaux et d'habitation. Dans un passé récent, ils se sont confondus avec les maisons avoisinantes, puis ils en ont été les répliques en version plus large. Graduellement, les hangars deviennent des mastodontes en bois, en pierre ou en

L'observateur de la scène se trouve sur l'actuelle Pointe-à-Carcy et aperçoit, entre autres, la rue Saint-Pierre des années 1840.
Arthur James Jones, Une vue des quais et de la Citadelle de Québec en 1848.
Royal Ontario Museum, 951.93.2.

À l'avant-plan du tableau de James Pattison Cockburn se trouvent l'imposant entrepôt Woolsey ainsi que le quai du Roi, qui est le principal quai en eau profonde de Québec.

James Pattison Cockburn (1797-1847), La basse-ville de Québec vue du parapet de la haute-ville. D'après une aquatinte colorée, gravure publiée par C. Hint chez Ackermann and Co., Londres, 1833. Archives nationales du Canada, C-12697.

brique, de un à trois étages et pourvus des toutes dernières innovations, telles que voûtes avec portes de métal, salles de toilettes avec citerne, fondations en pierre sèche pour contrer les inondations, coffres-forts à l'épreuve du feu, etc. Plusieurs hangars sont même assez vastes pour qu'on y tienne des ventes à l'encan.

Par ailleurs, l'architecture, qui est longtemps restée fidèle à la tradition française, adopte depuis peu des traits typiquement anglais. Par exemple, comme chez les Britanniques, on s'inspire de l'Antiquité grecque en agrémentant certains bâtiments de colonnes et de postiches. À Place-Royale, la nouveauté se heurte à un ensemble immobilier déjà bâti qui se prête peu à la transformation, si bien qu'on y observe des changements plutôt superficiels, comme certaines formes de châssis, de nouvelles sections vitrées dans les portes ou des fenêtres en demi-cercle. Vers 1835, quelques constructions résidentielles se démarquent des autres. C'est le cas de la maison de Georges Arnold, rue Sous-le-Fort. Elle est la première à présenter une façade en pierre de taille, un matériau confiné jusque-là à des ajouts aux portes et aux fenêtres. Vingt ans plus tard, une première maison de brique, brique rouge et brique à feu, est construite à

Place-Royale. Il s'agit de la maison Pineault, située elle aussi rue Sous-le-Fort, derrière l'église. À la même époque, on observe que les toitures sont recouvertes de fer-blanc, de zinc ou de tôle.

Commerce oblige, bon nombre de maisons de marchands se dotent, au rez-de-chaussée, d'une porte de magasin à double battant. En façade, de plus en plus souvent, des percées stratégiques sont conçues pour attirer l'attention du client : de larges fenêtres permettent de jeter, de la rue, un coup d'œil sur les marchandises mises en valeur. Place-Royale se met tranquillement à l'ère du lèche-vitrines.

La bourgeoisie d'affaires quitte... mais demeure

C'est donc la cohue commerçante, portuaire et populaire qui se poursuit. Place-Royale jouit des retombées directes de l'augmentation de l'exportation du bois et de la construction navale en pleine prospérité dans la région. Ces moteurs économiques attirent sur les lieux toute une population de résidants ouvriers, artisans et travailleurs spécialisés, tels que charpentiers, menuisiers, forgerons, voiliers, cordiers, arrimeurs, poulieurs, etc.

L'ensemble de l'activité du quartier favorise aussi l'établissement de nombreuses institutions financières et de leurs employés. La Chambre de commerce, la Bourse de Québec et quelques banques sont installées rue Saint-Pierre. Plusieurs compagnies d'assurances possèdent un bureau sur la même rue, telles la Quebec Fire Insurance Co.,

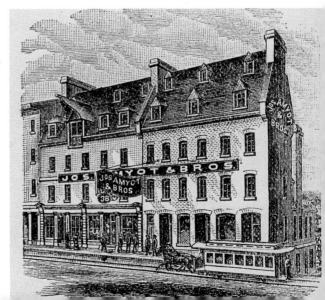

En 1890, rue Saint-Pierre, la Maison Jos Amyot et Frères importe des marchandises d'outre-mer et agit comme grossiste auprès des marchands de la région. Comme il se doit, la devanture du bâtiment comporte des vitrines commerciales au rez-de-chaussée.

Maison Jos Amyot et Frères. Illustration tirée de Commercial Industries of Canada Historical and Commercial Sketch of Quebec, *1888. Bibliothèque de l'Assemblée nationale à Québec. Photo : Jacques Lessard.*

En 1861, l'architecte Edward Staveley réalisa l'édifice de la Banque de Québec rue Saint-Pierre. Près de soixante ans plus tard, la Royal Bank y déménagera. Aujourd'hui, le bâtiment abrite les locaux administratifs du Musée de la civilisation.

Intérieur de la Banque de Québec. Archives de la Ville de Québec, collection iconographique, négatif 17765.

la British America Assurance Co., la Colonial Life Assurance Co., la State Fire Insurance Company of London. Ces différents organismes et sociétés embauchent des commis, teneurs de livres, banquiers, courtiers, agents, etc.

S'ajoute à ces gens le groupe des immigrants qui continuent d'entrer au Canada par le port de Québec et dont une partie s'établit à Place-Royale. Des Irlandais, entre autres, arrivent massivement en Amérique pour fuir la famine qui sévit dans leur pays. Bon nombre d'entre eux choisissent Place-Royale pour y travailler comme débardeurs ou journaliers.

Le port de Cork, en Irlande, fut le point de départ de nombreux émigrants qui tentèrent leur chance en Amérique. Entre 1815 et 1860, Québec vit débarquer ainsi un million d'Irlandais, d'Anglais et d'Écossais.

Une scène de départ sur les quais. Illustration tirée du journal The Illustrated London News, *10 mai 1851, p. 386. Archives nationales du Canada, C-3904.*

NOTRE DAME DES VICTOIRES.
Site of Original City.

blood and fire the patriotic efforts to

Au début du XIXe siècle, des marchands se plaignent que la place publique qui fait face à l'église Notre-Dame-des-Victoires n'offre plus un espace suffisant pour accueillir les étals, les vendeurs et leurs clients. Certains mécontents font même entendre à l'administration et au clergé qu'on devrait songer à démolir l'église...

Marché de la basse-ville de Québec. Illustration tirée de George M. Grant, Pittoresque Canada : the country as it was and is, *Toronto, Belden Bros (1882).*

Musée de la civilisation, bibliothèque du Séminaire de Québec, fonds ancien. Photo : Jacques Lessard.

Circule également à Place-Royale une population migrante considérable, principalement des soldats, des matelots et des draveurs, qui débarquent au port et s'y entassent momentanément. À travers tout ce roulement, aubergistes et taverniers font des affaires d'or.

Effet de la surpopulation, l'insalubrité du quartier persiste et le manque d'hygiène publique est devenu particulièrement évident lors des récentes épidémies. Les maladies contagieuses continuent d'ailleurs de surgir ponctuellement et de se répandre en raison de la malpropreté des rues et des quais. Il y a bien quelques améliorations au chapitre des installations sanitaires : les latrines des maisons sont mieux aménagées et l'écoulement des eaux usées vers le fleuve bénéficie de canalisations additionnelles. Cependant, un véritable système d'aqueduc et d'égout ne sera installé qu'à partir de 1852. De toute façon, ce ne sont pas là les seuls aspects malsains mis en cause. Le quartier du port, entre autres, est devenu le lieu où sévissent bagarres, vols, prostitution et autres délits. C'est en raison de cette dégradation qu'une tendance, déjà constatée au début du siècle, prend de l'ampleur : certains marchands choisissent d'aller vivre dans la haute-ville ou aux alentours, tout en continuant de mener leurs affaires à Place-Royale, où ils sont propriétaires d'espaces locatifs. Le quartier est donc de plus en plus habité par une population de locataires : artisans confinés parfois dans une seule pièce qui tient lieu d'habitation et de boutique, occupants saisonniers refoulés dans des chambres exiguës, familles entières formées souvent de trois générations qui s'entassent dans un petit logement.

Jusque-là, Place-Royale a certes connu un train de vie exceptionnel, marqué par la réussite financière de plusieurs commerçants, un taux de scolarisation élevé pour l'époque, un accès privilégié aux importations, etc. Mais ce tableau change et le fait de gravir le Cap a de plus en plus une résonance d'ascension dans l'échelle sociale.

Marché « d'en haut », Marché « d'en bas », marché Champlain

Au milieu du XIXe siècle, il existe trois places de marché à Place-Royale. Dès 1673, il y a d'abord le marché de la Place, devant l'église Notre-Dame-des-Victoires, appelé Marché « d'en haut », et dont la première halle date de 1805. Le Marché « d'en bas » est le marché Finlay (1817), situé devant le fleuve sur la place de Débarquement. Enfin, le grand marché Champlain apparaît en 1860 sur l'ancien site du havre du Cul-de-Sac.

Les différents marchés sont aménagés à l'intérieur de halles dont l'aspect et l'importance varient selon les époques et les besoins. Celles-ci prennent d'abord l'apparence de structures modestes en bois, qui servent d'abris rudimentaires pour les étals, pour ensuite devenir des aménagements plus élaborés selon les plans de sculpteurs et d'architectes. Ainsi, au milieu du XIXe siècle, grâce à des

Le marché Finlay et la halle vers 1860.
Archives de la Ville de Québec, collection iconographique, négatif 9873-1.

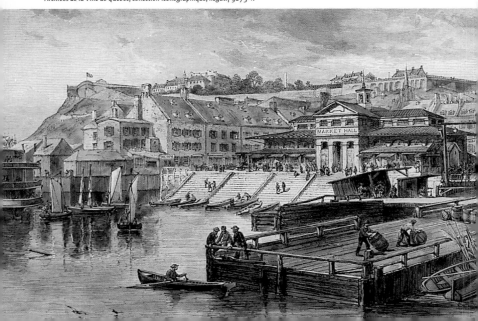

Lors de la construction de la halle du marché Champlain en 1860, on employa les pierres de l'ancien Parlement incendié en 1854.

Louis-Prudent Vallée, Le Marché Champlain, 1874.

Musée de la civilisation, fonds d'archives du Séminaire de Québec, Ph1986-808.

techniques plus sophistiquées, on modifie l'aménagement du marché Finlay pour y construire une halle en brique et pierre de deux étages, dont le soubassement est conçu pour permettre le passage des marées.

Cette halle est démolie en 1906. Jusqu'au milieu du XXe siècle, l'espace ainsi libéré sert en partie de stationnement et en partie à la tenue de marchés autorisés par la Ville. En 1988, les autorités municipales lui restituent son caractère de place publique. On y aménage la place de Paris, pendant de la place du Québec à Paris, au centre de laquelle on érige une sculpture monolithe de marbre blanc et noir, œuvre de l'artiste français Jean-Pierre Raynaud intitulée *Dialogue avec l'Histoire*.

Louis-Prudent Vallée, Activités au Marché Champlain, 1880.

Musée de la civilisation, fonds d'archives du Séminaire de Québec, Ph1986-1124.

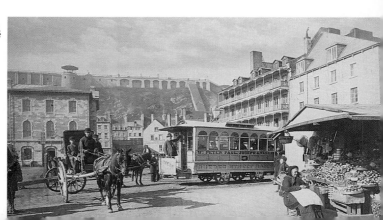

Quant à la halle du marché Champlain, elle est de taille gigantesque. Ce bâtiment de pierre, avec fronton, colonnade et chapiteau, possède l'envergure du style néoclassique. L'édifice est démoli en 1911 à la suite d'un incendie.

Tout comme à l'époque française, la clientèle des différents marchés achète des produits locaux de consommation courante. Les principaux étals sont ceux des bouchers, poissonniers et regrattiers, ces derniers vendant du lard, du bœuf salé, du beurre, des volailles, du gibier et des œufs. On y trouve aussi des biscuits, gâteaux, fruits, légumes et autres produits frais. Des femmes proposent de l'artisanat : catalognes, courtepointes, tapis crochetés, vêtements.

Des normes strictes interdisent la vente de certains produits dans les marchés de Place-Royale : bêtes à cornes, chevaux, chaux, foin, paille, bois de chauffage, charbon, planches, bardeaux, poteaux, patins, échelles, dalles et autres objets en bois disponibles au marché Saint-Paul. Il est également défendu de faire concurrence aux boutiques. De fait, selon la réglementation, « il ne sera permis de vendre sur les marchés aucune marchandise ou autre chose manufacturée, si ce n'est que les habitants de la campagne pourront y vendre tout objet manufacturé par eux-mêmes avec des matières provenant de leurs terres[1] ». D'autre part, les petits commerçants ambulants n'ont pas accès aux marchés.

Certains hivers, lorsque les conditions climatiques permettent la formation d'un pont de glace sur le fleuve, des agriculteurs de la rive sud se rendent aux marchés par le chemin qui y a été balisé à l'aide de conifères.

Plusieurs marchands de Place-Royale font fabriquer des cruches et des jarres imprimées à leur nom. Fortunat Martineau possède, dans les années 1880, une épicerie au « Hall Marché Champlain ».

Cruche en grès nord-américain. Ministère de la Culture et des Communications, 1QU-2130-cur-1.

Photo : Jacques Lessard.

Certains hivers, lorsque les conditions climatiques permettaient la formation d'un pont de glace sur le fleuve, des agriculteurs de la rive sud empruntaient cette voie pour prendre part à l'un ou l'autre des marchés de Québec.

Louis-Prudent Vallée, Le pont de glace entre Québec et Lévis, 1877.

Musée de la civilisation, fonds d'archives du Séminaire de Québec, Ph1986-0822.

Les parapluies de l'Angleterre et les montres de poche des États-Unis

Chaque jour, à la haute saison, l'affluence des bateaux anime le port. Jusqu'à 2000 annuellement vers 1850! Autour des quais, le rythme du chargement et du déchargement est étourdissant. Depuis la Conquête, l'Angleterre et ses voiliers ont été les grands pourvoyeurs de tout ce que la colonie devait importer. Toutefois, à compter du milieu du XIXe siècle, un nouvel interlocuteur commercial vient modifier la tradition, alors que les États-Unis émergent comme puissance industrielle et pénètrent le marché canadien. Ainsi, à compter de 1850 surtout, on importe de plus en plus d'aliments des États-Unis dont les farines, les céréales, le riz, le café, le thé, le cacao, le chocolat et la cassonade.

C'est à Roxbury, dans le Massachusetts, qu'est fondée en 1850 la première usine à fabriquer des montres de façon industrielle; elle déménagera à Waltham, dans le même État, quelques années plus tard.

Montre de poche de l'American Waltham Watch Co.

Musée de la civilisation, 1987-3257. Photo: Jacques Lessard.

Quatre ans plus tard, un traité de réciprocité, ou de libre-échange, intensifie ces liens, tant et si bien qu'à la fin de la décennie, les États-Unis contrôlent une grande part du marché des produits d'importation.

Le parapluie n'apparaît en Angleterre que vers 1750. Cet accessoire, aujourd'hui indispensable, met du temps à gagner la faveur du public. À Place-Royale, on n'en trouve, semble-t-il, qu'après 1820.

Parapluie en coton de fabrication industrielle.

Musée de la civilisation, 1983-01492.

Photo: Jacques Lessard.

Dans ce nouveau contexte, les Britanniques conservent le marché des textiles, tissus, vêtements, articles de literie, ombrelles, parapluies... Les bijoux, parures, parfums, et les médicaments continuent également de provenir d'Angleterre, tout comme les articles de quincaillerie. Cependant, avec le temps, les États-Unis accaparent, exemples parmi d'autres, la vente des montres de poche et du tabac. Mais les pipes, tabatières et accessoires du fumeur arrivent de Liverpool, Glasgow et Bristol. Le voisin américain et la métropole se livrent une concurrence féroce.

Toutefois, l'arrivée en scène des Américains n'est qu'un prélude à des changements bien plus marquants pour l'avenir de Place-Royale. Parmi les faits dérangeants, Montréal a maintenant droit à sa part de prestige économique dans ce pays. C'est ainsi qu'après les durs hivers des débuts, les incendies successifs, la guerre, les épidémies, après l'éclosion commerciale et l'ère du grand port ouvert sur le monde, Place-Royale s'apprête, bien contre son gré, à perdre beaucoup de son éclat en Amérique du Nord britannique. ◈

Fréquenter les restaurants, auberges, hôtels et tavernes de Place-Royale en 1850

En façade du Neptune Inn, une ancienne figure de proue semble affronter les vents du large.

James Pattison Cockburn (1779-1847), L'auberge Neptune à Québec, 1830. Aquarelle et encre de Chine.

Archives nationales du Canada, C-40368.

À Place-Royale, il n'a pas fallu attendre la moitié du XIXe siècle pour que l'endroit s'anime de différents établissements publics où l'on peut boire un verre, prendre un repas, se loger. De fait, ces établissements ont vite existé en marge de l'activité des commerces et du port. Mais c'est vers 1850 qu'on en recense le plus grand nombre, soit :
- 11 hôtels ;
- 2 auberges ou maisons de pension ;
- 43 tavernes ;
- 4 restaurants (commerce d'un genre nouveau).

En général, ces lieux desservent une clientèle de passage, bien qu'ils aient également quelques habitués locaux. Les hôtels et auberges accueillent surtout des voyageurs, tandis que les tavernes servent de point de rencontre aux journaliers et aux marins.

Rue du Cul-de-Sac, le London Coffee House proposait à sa clientèle non seulement une table réputée mais aussi ses 17 chambres, ses quatre salons et un bar. Aujourd'hui, la Maison Chevalier occupe l'emplacement du London Coffee House.

James Pattison Cockburn (1779-1847), La rue Cul-de-Sac, 1830. Aquarelle.

Royal Ontario Museum, 942.48.93.

L'hôtel Blanchard deviendra plus tard l'hôtel Louis XIV, qui sera incendié vers 1960.
Henry Richard Bunnet, Site of the Original City, Quebec, Built in 1660. Huile sur toile, 1887.
Musée de la civilisation, 88-443. Photo : Pierre Soulard.

Les capitaines de navires en transit à Québec et les marchands du secteur fréquentent, quant à eux, le réputé Neptune Inn situé à l'angle de la côte de la Montagne et de la rue du Sault-au-Matelot. L'atmosphère qui y règne a déjà été décrite dans le journal *Le Canadien* par le journaliste irlandais Edward Allen, qui s'y est rendu avec son ami le capitaine Blake alors qu'il séjournait au pays entre 1818 et 1823.

Nous entrons sans cérémonie et découvrons que chaque personne a devant elle un grand gobelet d'alcool, un calumet de trois pieds et demi de long et une feuille du meilleur tabac de Virginie. [...] Ces fils de Neptune [« environ 30 loups de mer »] parlent de voyages au long cours et de petits voyages, de vaisseaux bien construits et de rafiots, des grandes joies de la vie en mer et des propriétés hilarantes du Cognac Brandy.

L'hôtel Blanchard, comme les grands hôtels, les compagnies de chemin de fer et les bateaux à vapeur, utilise de la vaisselle personnalisée.

Assiette en terre cuite fine anglaise.

Ministère de la Culture et des Communications, 1QU-2147-13.
Photo : Jacques Lessard.

Parmi les endroits bien connus, on cite le London Coffee House, tenu par Elizabeth Andrews et apprécié par le gouverneur lui-même... Madame Andrews étant en effet la seule aubergiste de Place-Royale à posséder une glacière pour la conservation des aliments, elle peut diversifier d'autant les plats de bœuf, de porc, de poisson, etc.

Parmi d'autres adresses, mentionnons le Beef-steak Club, où l'on sert un steak de bœuf arrosé de bière ou de vin, l'hôtel Blanchard et l'hôtel Reynold's.

Tous ces établissements se distinguent des autres immeubles commerciaux par leur style d'affichage des plus explicites. Sur l'enseigne peinte près de la porte d'entrée, on reconnaît, par exemple, une silhouette qui lève le coude, un baril, une pipe, une feuille de tabac, un verre pour boire. Le Neptune Inn a même accroché à sa façade une figure de proue qui provient du navire *Neptune*, échoué à l'île d'Anticosti en 1817. Sur la devanture du London Coffee House, le nom de l'endroit s'étale en larges lettres noires. L'affichage n'a donc rien de discret à cette époque et, comme c'est de plus en plus le cas pour les magasins également, l'enseigne se lit de loin. Mais en anglais seulement.

Alors que, au début des années 1840, les anglophones dominent nettement le secteur de l'hébergement et de la restauration, celui-ci passe aux mains des francophones vingt ans plus tard. Mais, vraisemblablement, ce n'est pas là une bien grande victoire pour ceux qui s'approprient ce domaine, puisque Place-Royale amorce son déclin. Les anglophones, quant à eux, sont tout simplement partis ouvrir le même genre de commerce à Montréal, une ville alors en pleine expansion. ❖

Dans quelle rue de Place-Royale trouvait-on 37 cabarets en 1852 ?

Peu après la formation du premier conseil municipal de Québec, en 1833, l'administration divise Place-Royale en plusieurs quartiers et y délimite deux secteurs, soit le quartier Saint-Laurent, qui devient le quartier Champlain en 1840, et le quartier Saint-Charles, devenu Saint-Pierre par la suite. La rue Sous-le-Fort en est la ligne de démarcation. Des conseillers issus du milieu des affaires et du commerce représentent ces quartiers auprès des instances municipales et défendent les intérêts d'une cité ouvrière et commerçante essentiellement composée de locataires.

Peu à peu, au cours des mêmes années, certaines rues de Place-Royale affichent une coloration bien précise, selon les métiers des résidants et le type d'établissements qu'on y trouve :

- rue Saint-Pierre : commerces et maisons d'affaires, fournisseurs de navires ;
- rue Notre-Dame : bijoutiers ;
- côte de la Montagne : boutiques de luxe, bijoutiers-horlogers, vêtements ;
- rue du Sault-au-Matelot : métiers du bois (tonneliers) et de la mer (voiliers, cordiers) ;
- rues du Cul-de-Sac et Sous-le-Fort : métiers du fer (forgerons, ferblantiers), commerces de service (tavernes).

Pour étancher sa soif, il y a, entre autres, du vieux cognac Jean Renaud Bordeaux, du sherry à la cerise danois P. F. Herring, du gin anglais ou hollandais...

Bouteille à cognac.
Ministère de la Culture et des Communications, CeEt-28-1A7-85. Photo : Jacques Lessard.

Bouteille à sherry.
Ministère de la Culture et des Communications, 1QU-2154b-cur-932. Photo : Jacques Lessard.

En 1852, on trouve 37 cabarets dans la seule rue Champlain. Onze d'entre eux sont tenus par des femmes. Étrange ? Non, c'est plutôt une donnée qui confirme qu'on n'est plus en terrain strictement masculin au cœur des réseaux commerciaux de Place-Royale :

- ce sont les femmes qui viennent vendre leur production au marché ;
- épouses de commerçants, elles collaborent activement à l'entreprise familiale ;
- veuves, elles succèdent à leur époux à la direction d'un commerce ;
- elles sont tenancières d'auberges ou de tavernes ;
- elles travaillent comme domestiques.

Antérieurement, sous le Régime français, quelques femmes seulement occupèrent un travail dont les tâches n'étaient pas reliées à la famille et à la maison. Parmi les rares, Marie-Anne Barbel[1], veuve de Louis Fornel, prit la relève dans la gestion des affaires de son mari. Aujourd'hui, la maison Barbel de Place-Royale rend hommage à sa contribution et rappelle qu'elle fut l'une des premières femmes négociantes en Amérique. ◈

Bouteille à gin.
Ministère de la Culture
et des Communications,
134QU-2A3-501.
Photo : Jacques Lessard.

---

1. Lilianne Plamondon, « Une femme d'affaires en Nouvelle-France, Marie-Anne Barbel », thèse de maîtrise, Sainte-Foy, Université Laval, 1976, 115 f.

Recensement de la population de Place-Royale et de Québec, entre 1627 et 1861

Au tout début, la population de Place-Royale se confond avec l'ensemble des résidants de Québec, puisque les nouveaux arrivés élisent nécessairement domicile à l'intérieur et autour de l'Habitation. Très vite, toutefois, le débarcadère de Champlain cesse d'être le seul point d'établissement et l'expansion se fait vers la haute-ville. En 1666, par exemple, la communauté de Place-Royale représente le quart de la population de Québec. Environ 80 ans plus tard (1744), ce taux est passé à 10 %, proportion qui se maintient jusqu'au début du XIXe siècle. Par la suite, l'exiguïté du site ne lui permet plus de soutenir de telles proportions. On observe par exemple qu'en 1861, alors que Place-Royale regroupe 1 091 habitants, Québec en compte 51 109. ❖

Année	Place-Royale	Québec
1627	55	-
1666	131	522
1681	309	1 282
1716	452	2 412
1744	478	5 053
1755	484	4 968
1770	729	6 763
1792	730	7 024
1795	769	7 299
1798	833	7 719
1805	878	8 862
1818	746	14 945
1861	1 091	51 109

10

La transformation : un site ouvert sur la ville et axé sur le tourisme (1862-1960)

J.-Ernest Livernois, Basse-Ville de Québec vue à vol d'oiseau (*détail*), *vers* 1887.
Musée de la civilisation, fonds d'archives du Séminaire de Québec, Ph1986-0887.

Au début des années 1860, Place-Royale cesse d'être l'étape la plus avantageuse sur le Saint-Laurent. À partir de ce moment, une large part des bateaux, des marchandises, des projets et des investissements filent vers l'Ouest et vers Montréal, ville en pleine croissance. Rude coup porté au port de Québec et à l'ensemble du site. Mais la vie ne s'y éteint pas. Elle se transforme.

Plusieurs facteurs expliquent le déclin de Place-Royale comme port et centre commercial de premier plan.

Tout d'abord, l'Angleterre, devenue une superpuissance au milieu du XIXe siècle, modifie sa politique économique et tente une vaste percée internationale. Cette importante réorientation a pour effet de mettre fin au système protectionniste à l'égard des colonies, un régime qui a particulièrement favorisé Québec jusqu'alors. S'ensuit la chute de la vente de bois à la Grande-Bretagne, puis celle de la construction navale.

À la même époque, on procède au dragage du fleuve Saint-Laurent. L'opération permet désormais aux navires d'aller plus loin en amont. Malheureusement, le déplacement des navires vers l'Ouest entraîne aussi le transfert du pouvoir économique. Bientôt, le port de Montréal supplante celui de Québec. Autre concurrence défavorable à Québec, le chemin de fer se développe sur la rive sud et ouvre des axes de commerce avec Montréal ainsi qu'avec d'autres régions habituellement inaccessibles en hiver à cause des glaces sur le fleuve.

Le port de Montréal vers 1878.
Archives photographiques Notman, Musée McCord d'histoire canadienne, Montréal, n° 841.

Situé au 41, rue Dalhousie, l'entrepôt Thibaudeau, qui fut construit par Joseph Ferdinand Peachy, était l'un des plus vastes bâtiments du genre à Québec.

L'édifice Thibaudeau à Québec. Archives nationales du Canada, collection Jules-Ernest Livernois, PA-24073.

Dès lors, le train passe à Lévis, s'y arrête et c'est tout un trafic de marchandises qui échappe à Québec.

Vers les mêmes années, les États-Unis ont besoin de beaucoup de bois pour la construction. Or les forêts de Nouvelle-Angleterre ont été surexploitées et ne parviennent plus à répondre à la demande de l'industrie. Encore une fois, c'est la ville de Montréal qui va en profiter, puisqu'elle est située à proximité des grands centres américains que sont New York, Boston et Portland.

Enfin, depuis peu, le fer s'impose partout en Amérique et en Europe comme le matériau par excellence, que ce soit pour l'architecture ou la construction navale. Or Québec a conservé une économie axée essentiellement sur le bois et n'a donc aucune chance de tirer profit de ce nouveau commerce.

Bien des gens d'affaires de Place-Royale et des environs se rapprochent donc de la ville qui jouit de la relance. Entre un port devant lequel les bateaux passent maintenant de plus en plus souvent, sans s'arrêter, et un autre vers lequel toute l'action converge, le choix est vite fait. La préférence va au nouveau centre nerveux désormais en lien direct avec les États-Unis.

Pendant quelques années encore, des marchands, grossistes et détaillants demeurent à Place-Royale et se partagent l'espace disponible. Mais peu à peu, bon nombre finissent aussi par quitter l'endroit pour suivre l'élan général vers Montréal.

Qu'advient-il de Place-Royale?

Les principales recherches historiques sur Place-Royale s'arrêtent habituellement aux années 1860. Pourquoi? Parce qu'à compter de cette période, le secteur se confond de plus en plus avec la basse-ville de Québec de même qu'avec la ville tout entière. Il y a d'abord, bien sûr, le fait que le port n'a plus l'envergure d'autrefois. Puis, graduellement, le développement des routes, la présence des tramways, et même l'apparition d'un funiculaire menant à la haute-ville, contribuent à cette ouverture de Place-Royale sur un espace plus large. De la même façon, la ville s'intègre à la vie du port qui, s'il n'a plus le rayonnement d'autrefois, joue quand même un rôle important, au plan régional, dans le transport des voyageurs et des marchandises.

Le chemin de fer, pour sa part, intensifie les échanges et atténue d'autant l'importance des anciennes limites du site. Il ne s'agit donc plus, comme autrefois, d'un emplacement enclavé entre le fleuve et la falaise, mais bien d'une partie de Québec qui multiplie ses liens avec l'ensemble de la ville. À partir du portrait plus général de ce que devient Québec vers 1860 se profile cependant Place-Royale telle qu'elle demeure, énergique et obstinée en dépit des circonstances, mais telle qu'elle devient aussi, c'est-à-dire désavantagée par certaines de ses forces qui déclinent.

Ainsi, la circulation dans le port de Québec va aller en diminuant dans les années qui suivent, et l'achalandage annuel passera de près de 1500 bateaux en 1861 à 275 en 1889. Par contre, même s'il y a de moins en moins de mouvement, les navires à fort tonnage sont de plus en plus nombreux et rendent nécessaires la modernisation des quais, le développement des bassins, l'expansion du port. Pressé par les autorités locales, le gouvernement québécois adopte à cet égard une série de mesures visant à transférer la gestion des quais et entrepôts au gouvernement fédéral pour adapter les installations et les pratiques administratives aux nouveaux besoins. Parallèlement, on assiste à la construction d'élévateurs à grain, de hangars et d'entrepôts, de même qu'à la mise en place de quais prévus pour l'accueil de passagers et le transbordement de marchandises en liaison avec la gare de train de Lévis.

À la même époque, les chantiers de construction navale connaissent une baisse importante, mais tout ne se termine pas du jour au lendemain. Ce secteur continue d'employer plus de 2000 personnes en 1862 et connaît même une brève poussée, alors qu'environ 75 navires sont construits durant cette même année. Mais la production va ensuite en décroissant, passant à une moyenne annuelle de deux navires entre 1891 et 1896. L'évolution est la même pour le commerce du bois : alors que plus de 1000 bateaux partent de Québec et transportent du bois à leur bord en 1860, on n'en dénombre plus que 28 en 1900.

Du côté des marchés publics, qui se sont longtemps trouvés au cœur de la vie sociale, des achats et des transactions de toutes sortes, c'est aussi la décroissance. Il faut dire que la population ne cesse de diminuer du fait que les nantis ont opté pour d'autres quartiers, que le développement urbain s'effectue dans les faubourgs du nord de la ville et que le tramway permet maintenant aux ouvriers de ne plus habiter nécessairement à proximité de leur lieu de travail. Il en résulte d'ailleurs une dégradation marquée des immeubles à logements de Place-Royale. En outre, au tournant du siècle, divers types de commerces, tels ceux reliés à l'alimentation, exigent de nouveaux

Quais, hangars, bureaux, commerces, habitations, hôtels, restaurants : l'espace à proximité de l'activité du fleuve et du commerce est densément occupé par des bâtiments serrés les uns contre les autres le long de rues étroites.
J.-Ernest Livernois, *Basse-Ville de Québec vue à vol d'oiseau, vers 1887.*
Musée de la civilisation, fonds d'archives du Séminaire de Québec, Ph1986-0887.

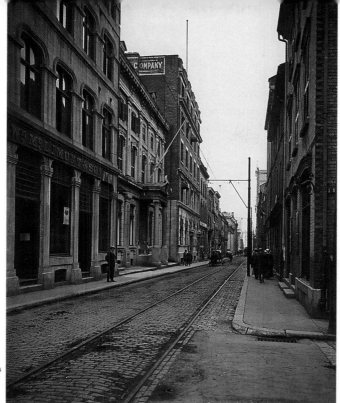

La rue Saint-Pierre
à Québec en 1916.
Archives photographiques
Notman, Musée McCord
d'histoire canadienne,
Montréal, n° 5684.

intermédiaires entre le producteur et l'acheteur et viennent à s'inscrire de plus en plus dans les habitudes de consommation. Ils détrônent les marchés qui constituaient auparavant le principal moyen de s'approvisionner. Au début des années 1900, seul le marché Finlay existe toujours.

Nettement plus encourageante est l'augmentation de la présence des institutions financières à Place-Royale où s'élèvent, rue Saint-Pierre en particulier, de tout nouveaux édifices dont ceux de la Banque Nationale (1862), de la Banque de Québec (1863), de l'Union Bank of Lower Canada (1866), de la Banque de Montréal (1906), de la Banque Impériale du Canada (1913), du Crédit Foncier (1927) et du Financial Building (1929). Cette concentration s'accompagne, par ailleurs, de bureaux d'affaires, d'assurances et d'avocats. La presse, également, y a des antennes importantes : la *Quebec Gazette*, le *Mercury*, *L'Électeur* (remplacé plus tard par *Le Soleil*), *La semaine commerciale*. À l'activité de ces journaux se joint celle de quelques imprimeries, en plus d'un autre secteur à l'enseigne des plus récentes découvertes technologiques : le téléphone et le télégraphe.

Pendant longtemps, le port de la basse-ville a servi à l'entrée en masse de nouveaux arrivants. Dans les années 1900, ce sont des touristes qui débarquent cette fois à Place-Royale, notamment grâce aux nombreuses liaisons maritimes qui rapprochent Québec du reste du pays. Parmi les « croisières » offertes, mentionnons les excursions vers Sainte-Anne-de-Beaupré et la rivière Saguenay, de même que les traversées jusqu'à Saint-Romuald, l'île d'Orléans et Rivière-du-Loup. Des liens existent aussi avec La Malbaie, cette dernière étant aussi reliée aux Grands Lacs par les bateaux de la Canada Steamship Lines. En 1935, près de 400 000 visiteurs arrivent ainsi à Québec par train ou par bateau, et 500 000 en voiture. Place-Royale offre à cette clientèle de nombreuses maisons de chambres, mais surtout des hôtels réputés, tels le Mountain Hill House et l'hôtel Blanchard. Le Neptune Inn représente aussi une des meilleures adresses et accueille, entre autres, les rescapés de l'*Empress of Ireland* en 1914. Le restaurant Riviera demeure ouvert toute la nuit. Le restaurant Mercantile est également une table recherchée.

La vie religieuse, qui s'articule autour de l'église Notre-Dame-des-Victoires continue, au cours de ces mêmes années, de conférer à Place-Royale un rôle rassembleur, tant par les offices qui s'y célèbrent que par l'attachement symbolique que suscite le lieu. Dès 1929, l'église est d'ailleurs classée monument historique et va se trouver

Joseph Lavergne, Québec en 1939.
Archives nationales du Québec à Québec, Fonds Joseph-Lavergne, P354, S1, D3, P26.

Messe célébrée par le cardinal Rouleau sur le parvis de l'église Notre-Dame-des-Victoires, 1922.
Musée de la civilisation, fonds d'archives du Séminaire de Québec, Ph1987-0874.

bientôt au centre de toute une réflexion sur la mise en valeur d'un patrimoine qui risque d'échapper aux générations futures si on ne s'en préoccupe pas davantage. Car, autour de 1945, force est de reconnaître que Place-Royale, qui s'est bien débattue jusqu'alors pour ne pas abdiquer au profit de Montréal et d'autres quartiers de sa propre ville, connaît un effritement qui semble irréversible : malgré les efforts, le port ne reprend plus son souffle, la construction navale fait partie des souvenirs, le marché public a disparu, d'importants établissements bancaires et financiers ont émigré vers des secteurs plus valorisés de Québec, les taudis ont gagné du terrain. Par contre, quel précieux témoin que ce site qui, après avoir subi bien des revers, reste le seul à pouvoir dire qu'ici se trouvent et se cachent les débuts de notre histoire. C'est maintenant au tour des chercheurs et des équipes chargées de sa restauration de donner à Place-Royale un nouvel élan.

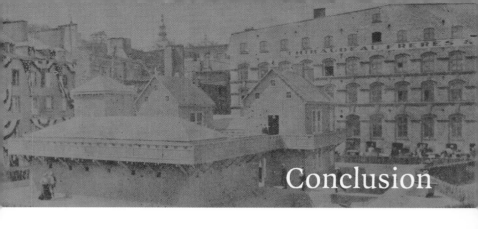

Conclusion

Reculer de 400 ans
pour faire avancer l'histoire
(De 1960 à aujourd'hui)

AU MILIEU DU XXe SIÈCLE, l'idée de consacrer du temps et des budgets pour restaurer Place-Royale ne s'est pas imposée d'elle-même au sein de la société québécoise. C'est précisément cette inertie qui a suscité l'indignation de certains, tel Gérard Morisset qui déclare, en 1953 :

> Si nous avions un peu de respect pour l'œuvre de nos ancêtres, nous restaurerions ce charmant hôtel [il s'agit de l'hôtel Chevalier] et l'habitation voisine, celle de l'orfèvre Joseph Pagé ; du même coup, nous donnerions aux propriétaires voisins l'idée de restaurer leurs maisons dans l'esprit du XVIIIe siècle[1].

Par la suite, grâce à d'autres prises de positions comme celle-ci de la part de spécialistes de la conservation et des mouvements pour la mise en valeur du Vieux-Québec, l'État décide d'intervenir. Vers 1960, le gouvernement du Québec entreprend d'abord la restauration de l'hôtel Chevalier. Quelques années plus tard, en 1966, il annonce l'acquisition de dix-huit immeubles et les débuts d'un vaste chantier de restauration de Place-Royale. Entre 1960 et 1967, le feu ravage la maison Fornel, l'hôtel Louis XIV et trois autres maisons de la rue Saint-Pierre. Décidément, le respect du patrimoine passe d'abord par des péripéties dignes des débuts ardus de la colonie ! En 1970, le véritable assaut est donné. L'opération de restauration de Place-Royale est prise en charge par le ministère des Affaires culturelles et englobe désormais l'ensemble du site. La décision est appuyée par des lois sur la conservation du patrimoine, et elle

En 1760, lors du siège de Québec, la maison de Jean-Baptiste Chevalier est bombardée et incendiée. Deux cents ans plus tard, on entreprend la restauration du bâtiment et, comme témoin de la guerre, on découvre un boulet de canon de plus de 10 kg enfoncé dans l'un des murs du deuxième étage de la maison.

Charles William Jefferys (1869-1948), La maison Chevalier vue du marché Champlain, 1889. Dessin au crayon. Archives nationales du Canada, C-40240.

mobilise historiens, architectes, archéologues et techniciens. En plus de vouloir faire parler l'histoire, on prévoit, au terme de la restauration de Place-Royale, en faire un lieu vivant où s'intégrerait une pluralité de fonctions urbaines : résidentielle, commerciale, institutionnelle, récréo-touristique. C'est ainsi qu'au début des années 1980, le quartier s'anime peu à peu : des magasins occupent les lieux, des hangars et des entrepôts sont convertis en logements, en bureaux, en restaurants, etc. Certaines maisons abritent, comme autrefois, des commerces au rez-de-chaussée et des appartements à l'étage.

En 1985, l'Organisation des Nations unies pour l'éducation, la science et la culture (UNESCO) inscrit l'arrondissement historique de Québec sur la *Liste du patrimoine mondial*. À l'appui de cette décision, on a fait valoir que Québec est le berceau de la civilisation française en Amérique et constitue, de loin, l'exemple le plus complet de ville

Aujourd'hui, la maison Chevalier est un lieu d'exposition offrant aux visiteurs une brève incursion dans le cadre domestique de la vie au XVIIIe siècle.

Photo : Pierre Soulard.

coloniale fortifiée en Amérique du Nord. Cette reconnaissance inclut Place-Royale comme lieu d'implantation décisive de la Nouvelle-France.

Puis, à l'ère des compressions budgétaires des années 1990, le ministère de la Culture décide de vendre divers immeubles à des intérêts publics et privés et de transférer la gestion du parc immobilier à la Société de développement des entreprises culturelles. Par contre, l'interprétation du site est confiée au Musée de la civilisation. À ce dernier revient donc le mandat de permettre au plus grand nombre de gens, résidants de l'endroit ou des environs, visiteurs des autres régions du Québec, voyageurs intéressés à connaître les racines du pays qu'ils explorent, de saisir la grandeur de la « petite pointe sur le fleuve ».

Débarquer à Place-Royale aujourd'hui...

Aujourd'hui, ce n'est plus par bateau qu'on se rend à Place-Royale, à moins d'arriver de Lévis par le traversier, juste en face. La place de Débarquement, où l'on chargeait et déchargeait les cargaisons des navires, n'existe plus, ni les quais, ni la grève. En fait, la fonction portuaire qui a, pendant près de 300 ans, fait naître, vivre et prospérer Place-Royale, n'est plus du tout la même. Il ne reste plus que

La maison Barbel, dans l'état où elle se trouvait en 1970 avant les travaux, et telle qu'elle fut restaurée au cours des deux années qui suivirent. Ayant retrouvé les caractéristiques de l'architecture de la Nouvelle-France, elle a aussi repris sa place parmi les principaux témoins des débuts de l'Amérique.

La maison Barbel en 1970.
Musée de la civilisation, dépôt des Archives nationales du Québec, fonds Place-Royale, 511-70.

La maison Barbel en 1972.
Musée de la civilisation, dépôt des Archives nationales du Québec, fonds Place-Royale, N1200-72.

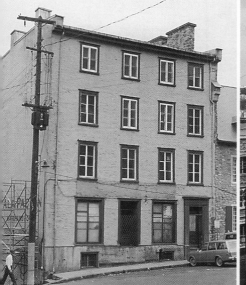

le fleuve pour rappeler aux résidants et aux visiteurs le temps des grandes traversées. Quantité de gravures, de photographies et d'écrits sont aussi là pour nous permettre d'imaginer l'intense va-et-vient d'autrefois.

Certes, le port n'est plus le même, mais la richesse et la vitalité de Place-Royale s'expriment, encore aujourd'hui, tant par son pouvoir d'évoquer le passé que par certaines réalisations contemporaines et audacieuses qui l'inscrivent dans la trajectoire moderne.

Ainsi, les travaux de restauration des bâtiments ont mis en valeur une architecture qui recrée l'atmosphère de la première moitié du XVIIIe siècle. L'ensemble nous situe de façon convaincante au cœur de cette époque. Touristes de l'extérieur, visiteurs québécois, amateurs d'histoire de tous âges, étudiants, promeneurs en quête d'un autre aperçu de la ville et du fleuve : en toutes saisons, le site ancien suscite la curiosité pour les débuts du continent nouveau et pour la reconstitution matérielle de ses origines.

Place-Royale en 1992.
Photo : Claudel Huot.

Un jour d'été sur la place Royale (1996).
De gauche à droite, les maisons Barbel, Fornel et La Gorgendière. Photo : Claudel Huot.

Déambuler tout autour de l'église Notre-Dame-des-Victoires et dans les petites rues avoisinantes, croiser les résidants du quartier, se laisser imprégner par le voyage dans le temps, imaginer ce qui fut, c'est déjà apprendre et comprendre l'importance de l'endroit. Pour en savoir davantage, le public a accès au Centre d'interprétation de Place-Royale situé sur la place même, dans les maisons restaurées Hazeur et Smith. Par le biais d'expositions variées, de la présentation de pièces archéologiques, d'une projection multimédia, d'animations diverses et de costumes qu'on enfile pour changer de peau et de siècle, on refait le parcours des 400 ans qui nous séparent de Champlain et de son extravagante entreprise. Les activités du Centre s'ajoutent à celles de la maison Chevalier, également axées sur la connaissance et la vulgarisation du patrimoine.

Depuis les années 1990, diverses manifestations culturelles se tiennent à Place-Royale au cours de l'été : animations historiques, spectacles, messes en musique, marchés publics d'antan, *Fêtes de la Nouvelle-France*, festivals de musique et de folklore. En fin d'année, le spectacle *Québec fête Noël* s'approprie le même espace pour les cantiques, les contes et le théâtre. En dépit du froid, ou peut-être justement à cause des fantaisies du climat, l'événement contribue à réchauffer la tradition et à la rapprocher d'un lieu riche d'appartenance et de symboles.

Place-Royale en hiver (1992).
Photo : Claudel Huot.

Enfin, la *Fresque des Québécois*, immense murale en trompe-l'œil peinte sur la façade nord de la maison Soumande, dote la vieille ville d'un large album de famille, alliant fantaisie, humour, harmonie, force et couleurs pour emprunter à l'histoire une succession de scènes et opérer des rapprochements insolites. S'y côtoient, comme si de rien n'était, quatre siècles, quatre saisons, de grands découvreurs, de hauts personnages et des figurants anonymes. Devant la grande fresque, des visiteurs s'arrêtent, s'interrogent : où se trouve la limite entre la réalité et l'illusion ? Où trace-t-on la ligne entre la mémoire et le présent ?

Quittant Place-Royale après en avoir parcouru les débuts, les heures de gloire, les épisodes de guerre, les années de mise à l'écart et celles de remise en valeur, on associe volontiers ce petit point de départ à une grande conquête et à une longue continuité. Notre avenir ne se dissocie jamais de tous les espoirs, témérités, reculs et avancées qui ont marqué notre passé. ◈

◄ *Les Fêtes de la Nouvelle-France*, été 1997.
Photo : Claudel Huot.

Annexes

◄ PAGE PRÉCÉDENTE

Le Centre d'interprétation de Place-Royale loge principalement dans la maison Hazeur et il fut inauguré à l'automne 1999. La maison Hazeur et la maison Smith, qui est reliée au Centre d'interprétation, ont été restaurées et aménagées par la firme d'architectes Gauthier, Guité, Daoust et Lestage.

Photo : Jacques Lessard.

Notes

Chapitre 1

1. Alain Painchaud, *Paléogéographie de la Pointe de Québec (Place-Royale)*, Québec, Publications du Québec, coll. «Patrimoines», n° 83, 1993, p. 79.

2. Norman Clermont, Claude Chapdelaine et Jacques Guimont, *L'occupation historique et préhistorique de Place-Royale*, Québec, Publications du Québec, coll. «Patrimoines», n° 76, 1992, p. 166.

3. *Ibid.*, p. 173.

Chapitre 2

1. Georges Gauthier-Larouche et Jean-Claude Hébert, *L'Habitation de Québec 1608-1615 : origine de l'établissement français en Amérique du Nord*, Beauport, Éditions Calligraphiques, 1982, p. 11.

2. Joe C. W. Armstrong, *Samuel de Champlain*, Montréal, Éditions de l'Homme, 1988, p. 132.

3. Samuel de Champlain, *Œuvres de Champlain*, 2ᵉ éd., présenté par Georges-Émile Giguère, vol. III, Montréal, Éditions du Jour, 1973, p. 1051.

4. Françoise Niellon et Marcel Moussette, *L'Habitation de Champlain*, Québec, Publications du Québec, coll. «Patrimoines», n° 58, 1995, p. 325.

5. Marcel Trudel, *Le comptoir, 1604-1627*, Montréal, Fides, coll. «Histoire de la Nouvelle-France», 1966, p. 440.

6. Jean-Paul Simard, «Les Montagnais de la chasse-gardée de Tadoussac (1550-1652)», Colloque présenté au Peabody Museum of Archeology and Ethnology, Québec, 1979, p. 6.

7. Bruce G. Trigger, *Les Indiens, la fourrure et les Blancs*, Montréal, Boréal – Paris, Seuil, 1990, p. 171.

8. L. Le Jeune, *Dictionnaire général de biographie, histoire, littérature, agriculture, commerce, industrie et des arts, sciences, mœurs, coutumes, institutions politiques et religieuses du Canada*, Ottawa, Université d'Ottawa, 1931, 2 vol.

Chapitre 3

1. *The Jesuit relations and allied documents : travels and explorations of the Jesuit missionaries in North America (1610-1791)*, Reuben Gold Thwaites, éd., Cleveland, Burrows Bros. Co., 1896-1901, vol. XIX.

2. Jean Provencher, *Chronologie du Québec*, Montréal, Boréal, 1991, p. 42.

3. Marcel Trudel, *Le comptoir, 1604-1627*, Montréal, Fides, coll. «Histoire de la Nouvelle-France», 1966, p. 192.

4. Marcel Trudel, *Le Québec de 1663*, Québec, Société historique de Québec, 1972, p. 5.

5. Yves Landry, *Les Filles du roi au XVIIᵉ siècle : orphelines en France, pionnières au Canada ; suivi d'un Répertoire biographique des Filles du roi*, Montréal, Leméac, coll. «Ouvrages historiques», 1992, p. 351.

Chapitre 4

1. Michel Gaumond, *La Place-Royale : ses maisons, ses habitants*, Québec, ministère des Affaires culturelles, coll. «Civilisation du Québec», série Place-Royale, n° 5, 1971, p. 11.

2. Paul Robert, *Le Petit Robert 2 : Dictionnaire universel des noms propres*, Paris, Le Robert, 1990, p. 1140. Précisons que, selon ce dictionnaire, ni l'architecte du roi Louis XIV, Hardouin-Mansart (1646-1708) ni François Mansart (1598-1666), lui aussi architecte, ne sont à l'origine du comble, dit «en mansarde», comme certains le croient. Il revient toutefois à François Mansart d'en avoir généralisé l'utilisation.

3. André Lafrance, *Crimes et criminels en Nouvelle-France*, Montréal, Boréal Express, 1984.

Chapitre 5

1. Jacques Mathieu, *La Nouvelle-France : les Français en Amérique du Nord, XVIe - XVIIIe siècles*, Paris, Belin – Québec, Presses de l'Université Laval, 1991, p. 146.

2. Jean Hamelin, *Économie et société en Nouvelle-France*, Québec, Presses de l'Université Laval, coll. « Cahiers de l'Institut d'histoire », n° 3, 1960, p. 133.

3. AN, Colonies, C11 A, 50 : 77-78, *loc. cit.*

Chapitre 6

1. Pierre Bureau, Paule Renaud, René Rivard et Louise Pothier, *L'Aventure de Place-Royale, 1608-1860 : Concept d'exposition permanente de Place-Royale*, Québec, Musée de la civilisation, Service des expositions thématiques, 1993, p. 57.

2. *Ibid.*, p. 57.

Chapitre 7

1. Michelle Guitard, *Des fourrures pour le Roi au poste de Métabetchouan*, Chicoutimi, ministère des Affaires culturelles, Direction régionale du Saguenay–Lac-Saint-Jean, 1984, p. 102.

2. Pierre Bureau, Paule Renaud, René Rivard et Louise Pothier, *L'Aventure de Place-Royale, 1608-1860 : Concept d'exposition permanente de Place-Royale*, Québec, Musée de la civilisation, Service des expositions thématiques, 1993, p. 76.

3. Isaac Weld, *Voyage au Canada dans les années 1795, 1796 et 1797*, vol. II, Paris, Imprimerie du Meunier, s. d.

4. *La ville de Québec : histoire municipale*, vol. III, Québec, Société historique de Québec, 1963, p. 35 et 113.

Chapitre 8

1. P.-J.-O. Chauveau, *Charles Guérin : Roman de mœurs canadiennes*, Montréal, Fides, coll. « Nénuphar », n° 55, 1978, p. 300.

2. Jean Provencher et collab., *Les Modes de vie de la population de Place-Royale entre 1820 et 1859*, Québec, Publications du Québec, coll. « Patrimoines », n° 66, 1990, p. 168.

Chapitre 9

1. *Le Canadien*, 31 mars 1851.

Conclusion

1. Gérard Morisset, « L'Hôtel Chevalier à Québec », *La Patrie*, 1er mars 1953, p. 36-37.

Pour en savoir plus

Ouvrages généraux

CÔTÉ, Renée, *Place-Royale, un haut lieu, un lieu de mémoire*, document inédit, ministère de la Culture et des Communications, 1996, 250 p.

GAUMOD, Michel, *La Place-Royale: ses maisons, ses habitants*, 3ᵉ éd., rev., augm. et mise à jour, Québec, ministère des Affaires culturelles, 1976, 97 p.

HAMELIN, Jean et Carlo WIELAND, *Québec 1626: un comptoir au bord du Saint-Laurent*, Saint-Hyacinthe, Québec – Rennes, France, Éditions Ouest-France, 1989, 62 p.

MATHIEU, Jacques, *La Nouvelle-France: les Français en Amérique du Nord*, XVIᵉ-XVIIIᵉ siècles, Paris, Belin – Québec, Presses de l'Université Laval, 1991, 254 p.

PAULETTE, Claude, *Place-Royale, berceau d'une ville*, Québec, Publications du Québec, 1986, 15 p.

PROVENCHER, Jean, *Chronologie du Québec, 1534-1995*, Montréal, Bibliothèque québécoise, 1995, 365 p.

TRUDEL, Marcel, *Le comptoir, 1604-1627*, Montréal, Fides, coll. «Histoire de la Nouvelle-France», 1966, 554 p.

– *Initiation à la Nouvelle-France: histoire et institutions*, Montréal, Holt, Rinehart et Winston, 1968, 323 p.

Titres de la collection «Patrimoines» qui ont servi à la rédaction de ce livre*

BERVIN, George, Yves LAFRAMBOISE et Céline CLOUTIER, *La fonction commerciale à Place-Royale, 1760-1820*, n° 73, Québec, 1991, Synthèse, 341 p., Annexes 1 et 2, 297 p.

BRISSON, Réal, *L'organisation sociale à Place-Royale de 1820-1860*, n° 69, Québec, 1990, 272 p.

CAMPBELL, Anita, *Le creamware de Place-Royale*, n° 57, Québec, 1996, 292 p.

CLERMONT, Norman, Claude CHAPDELAINE et Jacques GUIMONT, *L'occupation historique et préhistorique de Place-Royale*, n° 76, Québec, 1992, 426 p.

CÔTÉ, Robert, Mario SAVARD, Serge SAINT-PIERRE et Françoise DUBÉ, *Portraits du site et de l'habitat de Place-Royale sous le Régime français*, n° 77, Québec, 1992, Synthèse, 248 p., Annexes, 276 p.

DÉCARIE, Louise, *Le grès français à Place-Royale*, n° 46, Québec, 1997, 77 p.

DUBÉ, Françoise, *La quincaillerie d'architecture de Place-Royale*, n° 71, Québec, 1991, 408 p.

DUCHARME, Pierre et Huguette PAIEMENT, *Étude de la population de Place-Royale, 1760-1860*, n° 84, Québec, 1993, Synthèse, 199 p., Annexes, 302 p.

GENÊT, Nicole, *La faïence de Place-Royale*, n° 45, Québec, 1996, 317 p.

GENÊT, Nicole et Camille LAPOINTE, *La porcelaine chinoise de Place-Royale*, n° 92, Québec, 1994, 205 p.

JEAN, Régis et André PROULX, *Le commerce à Place-Royale sous le Régime français*, n° 94, Québec, 1995, Synthèse, 548 p., Annexes, 166 p.

LAFRAMBOISE, Yves, Jacques GUIMONT, Lyne CHABOT, Katherine TREMBLAY et Michel BROSSARD, *La fonction résidentielle de Place-Royale, 1820-1860*, n° 70, Québec, 1991, Synthèse, 360 p., Annexe 1, 268 p., Annexe 2, 301 p., Annexes 3 et 4, 213 p.

*Aux Publications du Québec, dans la série Dossiers, 1990-2000.

LAFRAMBOISE, Yves, Monique LA GRE-NADE-MEUNIER, Jacques GUIMONT, Pierre GIROUX et Michel BROSSARD, *La fonction résidentielle à Place-Royale, 1760-1820*, n° 75, Québec, 1992, Synthèse, 329 p., Annexes 1 à 6, 375 p.

LA GRENADE-MEUNIER, Monique, *Vivre à Place-Royale entre 1760 et 1820*, n° 81, Québec, 1993, Synthèse, 226 p., Recueil des appendices, 343 p., Annexes 1 à 6, 468 p.

– *La société de Place-Royale à l'époque de la Nouvelle-France*, n° 78, Québec, 1992, 357 p.

– *L'organisation sociale à Place-Royale de 1760 à 1820*, n° 74, Québec, 1991, 221 p.

L'ANGLAIS, Paul-Gaston, *Les modes de vie à Québec et à Louisbourg au milieu du XVIIIe siècle à partir de collections archéologiques*, n° 86, Québec, 1994, vol. 1, Place-Royale, 415 p., vol. 2, Louisbourg, 368 p.

LAPOINTE, Camille, *Les outils de Place-Royale*, n° 91, Québec, 1994, 123 p.

LAPOINTE, Camille, Béatrice CHASSÉ et Hélène DE CARUFEL, *Aux origines de la vie québécoise*, n° 93, Québec, 1995, 90 p.

LAPOINTE, Camille et Richard LUEGER, *Le verre et les terres cuites communes de la maison Perthuis à Place-Royale*, n° 101, Québec, 1997, 243 p.

LÉONIDOFF, Georges-Pierre, Micheline HUARD et Robert CÔTÉ, *La construction à Place-Royale sous le Régime français*, n° 98, Québec, 1996, 123 p.

MARIER, Christiane, *Les menus objets de Place-Royale*, n° 95, Québec, 1996, 529 p.

MOUSSETTE, Marcel, *Les terres cuites communes des maisons Estèbe et Boisseau*, n° 51, Québec, 1996, 184 p.

NIELLON, Françoise et Marcel MOUSSETTE, *L'Habitation de Champlain*, n° 58, Québec, 1995, 531 p.

PAINCHAUD, Alain, *Paléogéographie de la Pointe de Québec (Place-Royale)*, n° 83, Québec, 1993, 136 p.

PLOURDE, Guy et Camille LAPOINTE, *Les objets domestiques en grès fin anglais de Place-Royale*, n° 97, Québec, 1996, 244 p.

PROVENCHER, Jean, John A. WILLIS, Françoise NIELLON, Céline CLOUTIER, Catherine FORTIN et Cathy YASUI, *Les modes de vie de la population de Place-Royale entre 1820 et 1859*, n° 66, Québec, 1990, 315 p., Annexe 1, 465 p., Annexe 2, 284 p.

SAINT-PIERRE, Serge, Françoise DUBÉ, Robert CÔTÉ et Johanne BLANCHET, *Les modes de vie des habitants et des commerçants de Place-Royale, 1660-1760*, n° 79, Québec, 1993, Synthèse, 205 p., Annexes 1 à 5, 223 p.

SAINT-PIERRE, Serge, Robert CÔTÉ, Mario SAVARD, Geneviève DUGUAY et Sylvie TREMBLAY, *La fonction commerciale à Place-Royale entre 1820 et 1860*, n° 68, Québec, 1990, Synthèse, 309 p., Annexe 1, 363 p., Annexes 2 à 6, 357 p.

SAVARD, Mario et Pierre DROUIN, *Les pipes à fumer de Place-Royale*, n° 67, Québec, 1990, 409 p.

TREMBLAY, Katherine et Louise RENAUD, *Les jeux et jouets de Place-Royale*, n° 65, Québec, 1990, 212 p.

TREMBLAY, Micheline, *Étude de la population de Place-Royale, 1660-1760*, n° 82, Québec, 1993, 216 p.

TREMBLAY, Yves, *Les ustensiles, les objets de couture et le luminaire de Place-Royale*, n° 96, Québec, 1996, 390 p.

Pour un aperçu de la collection archéologique de Place-Royale

Ministère de la Culture et des Communications, *Trésors et secrets de Place-Royale*, Québec, Les Publications du Québec, 1998, 230 p.

Chronologie

1535 - Cartier rencontre le chef amérindien Donnacona sur le site même de ce qui sera Place-Royale.

1608 - Le 3 juillet, Champlain fonde officiellement Québec.

1615 - La France confie à des compagnies privées la colonisation de la Nouvelle-France en retour d'un monopole sur le commerce des fourrures.

1629 - Les frères Kirke s'emparent de Québec. Personne ne sait alors que la guerre franco-anglaise vient de prendre fin par le traité de Suse.

1632 - La Nouvelle-France redevient française par le traité de Saint-Germain-en-Laye.

1636 - L'arrivée du nouveau gouverneur Montmagny favorise la venue de quelques familles nobles à Québec. Le chroniqueur des jésuites jubile. « Québec, écrit-il, n'est plus ce petit coin caché au bout du monde où on ne voyait que quelques masures et quelques Européens. »

1660 - Exécution du premier plan d'urbanisme connu de la basse-ville sous la direction de l'arpenteur Jean Bourdon.

1670 - Fondation de la Compagnie anglaise de la Baie d'Hudson.

1673 - Une lettre du gouverneur Frontenac à l'intendant Colbert laisse entendre que la demande pour s'établir à Place-Royale est telle qu'« il n'y a pas un pouce de terre à donner à plusieurs personnes qui en demandent pour faire de nouvelles maisons ».

1682 - Un incendie rase la basse-ville.

1685 - Sous la pression des commerçants qui se plaignent du manque d'espace pour bâtir des magasins et des entrepôts, l'intendant Jacques de Meulles soumet à Seignelay, successeur de Colbert, le projet d'une nouvelle basse-ville à l'endroit qui deviendra le quartier du Palais.

1688 - Le 26 janvier, le Conseil souverain défend à chaque ménage de la basse-ville « d'y nourrir plus d'un cochon, lequel ils auront soin de faire nettoyer tous les jours, en sorte que les voisins n'en soient incommodés ».

Ouverture au culte de l'église Notre-Dame-de-la-Victoire (appellation d'origine).

1690 - Siège de l'amiral William Phips devant Québec.

1691 - Construction de la batterie Royale.

1695 - La communauté de la Congrégation Notre-Dame s'installe rue Saint-Pierre.

1701 - La cérémonie de la Grande Paix de Montréal met fin aux guerres iroquoises.

1728 - Les glaces emportent une partie de la batterie Royale.

1744 - Recensement des habitants de Québec. La population de la basse-ville atteint 1878 habitants, répartis dans les rues Saint-Pierre, Champlain, Notre-Dame, Sous-le-Fort, du Sault-au-Matelot, du Cul-de-Sac et la côte de la Montagne.

1759 - Siège de Québec par James Wolfe et Charles Saunders. L'armée britannique bombarde Québec et détruit presque toutes les maisons de la basse-ville. Bataille et défaite des plaines d'Abraham. Reddition de Québec.

1760 - Début du régime militaire provisoire. James Murray est gouverneur du district de Québec.

1761 - Réouverture de la petite école des jésuites de la basse-ville.

1763-1766 - Traité de Paris. Les Britanniques prennent possession de la Nouvelle-France au terme de la guerre de Sept Ans.

Reconstruction de l'église Notre-Dame-des-Victoires détruite par les bombardements.

1769 - Réouverture de l'école des Sœurs de la Congrégation Notre-Dame pour les filles à l'angle de la rue du Porche et de la rue Saint-Pierre.

1806 - Le bois supplante les fourrures dans le commerce d'exploitation.

1809 - Construction du Neptune Inn au pied de la côte de la Montagne. « A popular resort for merchants and ship captains. »

Arrivée au port de Québec de *L'Accommodation*, en provenance de Montréal. C'est le premier navire à vapeur à naviguer sur le Saint-Laurent. La durée du voyage est de 66 heures. De mai à novembre, 661 navires jettent l'ancre dans le port. Les boulangers de Place-Royale jugent le prix du pain (réglementé) trop peu élevé et font une grève d'une semaine.

1810 - En 6 mois, 661 navires jettent l'ancre dans le port. On estime à 6600 le nombre d'hommes d'équipage qui se sont arrêtés à Québec.

1816 - Thomas Torrance met en service le *Car of Commerce*, un bateau à vapeur pour le transport régulier entre Québec et Montréal. Création de la Bourse des marchands, dont les réunions se tiennent face au marché de la Place.

1819-1820 - Construction du magasin du Roi, rue du Cul-de-Sac. Il s'agit d'un entrepôt pour l'approvisionnement de la garnison de Québec.

1824 - Un marguillier de la paroisse Notre-Dame-de-Québec, appuyé par les marchands de la basse-ville désireux d'agrandir leur commerce, demande la démolition de l'église Notre-Dame-des-Victoires.

1825-1827 - Pavage, prolongement et élargissement de quelques rues de Place-Royale.

1826 - Un jeune homme est condamné à être fouetté sur la place publique pour avoir volé quelques mètres de rubans.

1831-1833 - Demandes répétées des marchands en faveur de la démolition de l'église Notre-Dame-des-Victoires.

1832-1834 - Épidémies de choléra.

1836-1840 - Importants incendies.

1839 - Un canot chavire entre Lévis et Québec et 16 des 20 passagers se noient.

1840 - En une seule journée, 116 navires à voile provenant d'outre-mer se pointent devant Québec.

1844 - Un règlement municipal interdit désormais qu'on « hisse dans les rues », c'est-à-dire qu'on installe des systèmes de poulies et de cordes à l'extérieur des bâtiments afin de palanter des marchandises aux étages supérieurs des édifices. Les Sœurs de la Congrégation Notre-Dame quittent le couvent et l'école qu'elles occupaient à Place-Royale depuis 1686 pour se relocaliser dans Saint-Roch. La boulangerie Le Picard, place du Marché, ferme ses portes et Jacques Blanchard transforme l'édifice qui devient l'hôtel Blanchard.

1845 - Un règlement municipal restreint l'accostage au débarcadère du marché Finlay aux seuls bateaux pourvus d'une licence. Chaque bateau a droit à 30 minutes de quayage.

1849 - Épidémie de choléra. L'ancien bureau de la douane, rue du Cul-de-Sac, maintenant occupé par la police, est transformé en hôpital temporaire pour les victimes de l'épidémie. La population du voisinage, craignant la contagion, saccage l'édifice. Mais le Bureau de santé de la ville maintient sa décision, fait réparer les dégâts et place l'édifice sous surveillance policière.

1851 - Construction d'un bâtiment abritant une patinoire, le Club House, sur le quai de la Reine.

1853 - Le navire *Genova* arrive à Québec en provenance d'Angleterre. Il est le premier transocéanique à vapeur à avoir fait la traversée Liverpool-Québec et la remontée du fleuve jusqu'à Montréal.

1853-1854 - On creuse un chenal dans le lac Saint-Pierre. Jusque-là, la faible profondeur des eaux limitait le passage des navires. Cet aménagement constitue l'un des principaux facteurs du déclin du port de Québec.

1854 - Pour la première fois, le Grand Tronc (chemin de fer) relie Montréal à Lévis, détournant ainsi un important volume de marchandises au détriment du port de Québec. Nouvelle épidémie de choléra.

1855 - Pour la première fois depuis la Conquête, un vaisseau de guerre français, *La Capricieuse*, aborde à Québec.

1856 - Installation d'un nouvel escalier reliant la rue de la Montagne à la rue Sous-le-Fort. Le Grand Tronc desservant Lévis fournit un service de traversiers à ses clients et le débarcadère est situé rue Champlain. Un premier vapeur de la Allan Line assure le courrier postal avec l'Europe, par la liaison Liverpool-Québec. Le service est bimensuel en été et mensuel en hiver, via Portland dans le Maine.

1859 - Un règlement municipal interdit désormais l'usage de traversiers mus par des chevaux entre Québec et Lévis.

1880 - Le marché n'existe plus à Place-Royale. On érige une fontaine face à l'église Notre-Dame-des-Victoires.

1929 - L'église Notre-Dame-des-Victoires est classée monument historique par la Commission des monuments historiques.

1958-1960 - Début de l'ère de restauration de Place-Royale.

1963 - Le ministère des Affaires culturelles du Québec crée cinq arrondissements historiques, dont le Vieux-Québec qui comprend le secteur Place-Royale.

1967 - Le périmètre historique de Place-Royale est délimité par une loi.

1970 - Début du grand chantier de restauration de Place-Royale, grâce à l'accord Canada-Québec sur les zones spéciales.

Ouverture, au début des années 1970, du premier centre d'interprétation dans la maison Fornel.

1978 - Le fameux colloque sur Place-Royale permet de recentrer l'action du ministère des Affaires culturelles en favorisant dorénavant une pluralité de fonctions urbaines : résidentielle, commerciale, institutionnelle, récréotouristique. Au plan institutionnel, l'interprétation est alors affirmée comme le principe moteur devant guider l'action du gouvernement dans le secteur.

1985 - L'Unesco inscrit la ville de Québec sur sa Liste du patrimoine mondial ; elle évoque son arrondissement historique, « exemple éminent — de loin le plus complet en Amérique du Nord — de ville coloniale fortifiée », et ajoute : « Ancienne capitale de la Nouvelle-France, Québec illustre l'une des grandes composantes du peuplement et du développement des Amériques à l'époque moderne et contemporaine. »

1989 - La Société de développement des entreprises culturelles (SODEC) prend le relais du ministère des Affaires culturelles dans le développement de Place-Royale selon la perspective instaurée en 1978. Son rôle consiste à gérer, exploiter, rénover et restaurer les immeubles du ministère pour faire du lieu historique de Place-Royale un lieu de fierté et d'activité urbaine contemporaine.

1990 - Incendie des maisons Hazeur et Smith.

Le ministère des Affaires culturelles confie l'animation et l'interprétation de Place-Royale au Musée de la civilisation.

1996 - Décision du ministère de la Culture et des Communications de restaurer les maisons Hazeur et Smith en vue d'y créer un Centre d'interprétation de Place-Royale.

La SODEC crée la Commission de la Place-Royale pour l'aviser sur l'équilibre à rechercher entre les différentes vocations existantes. Grâce au travail de la Commission, une programmation consensuelle est articulée. Elle comprend un centre d'interprétation, huit logements et un espace commercial.

1997 - Au mois d'août, les Fêtes de la Nouvelle-France animent Place-Royale pour la première fois. Cet événement historique et populaire sera présenté chaque été dans la perspective particulière des célébrations du 400ᵉ anniversaire de la ville de Québec, en 2008.

1999 - Réalisation de la Fresque des Québécois sur le mur nord de la maison Soumande, une coproduction de la SODEC, de la Commission de la capitale nationale du Québec et de la Cité de la Création.

Inauguration du Centre d'interprétation de Place-Royale, dans les maisons Hazeur et Smith.

En décembre, première édition de l'événement Québec fête Noël.

2000 - Réaménagement du parc De La Cetière devant la Fresque des Québécois.

Table des matières